W0090479

CITY
ATLAS

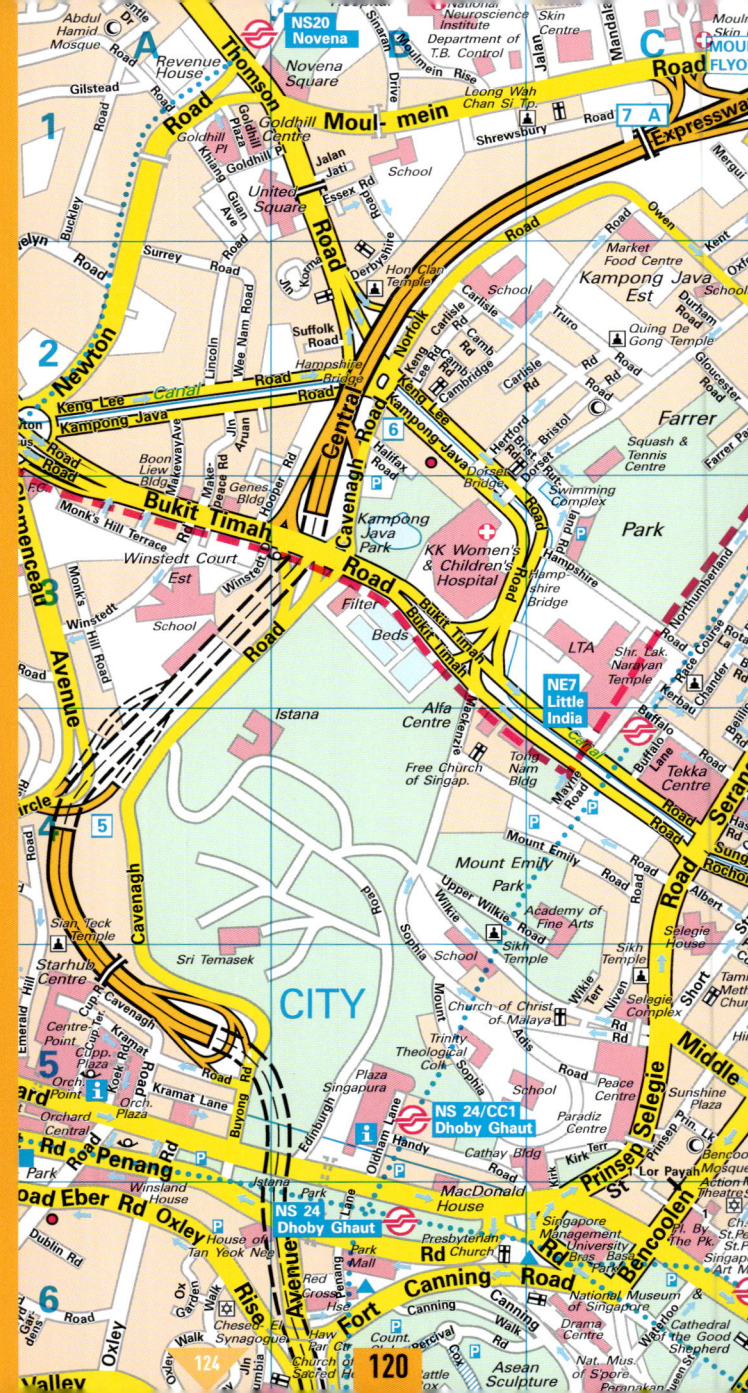

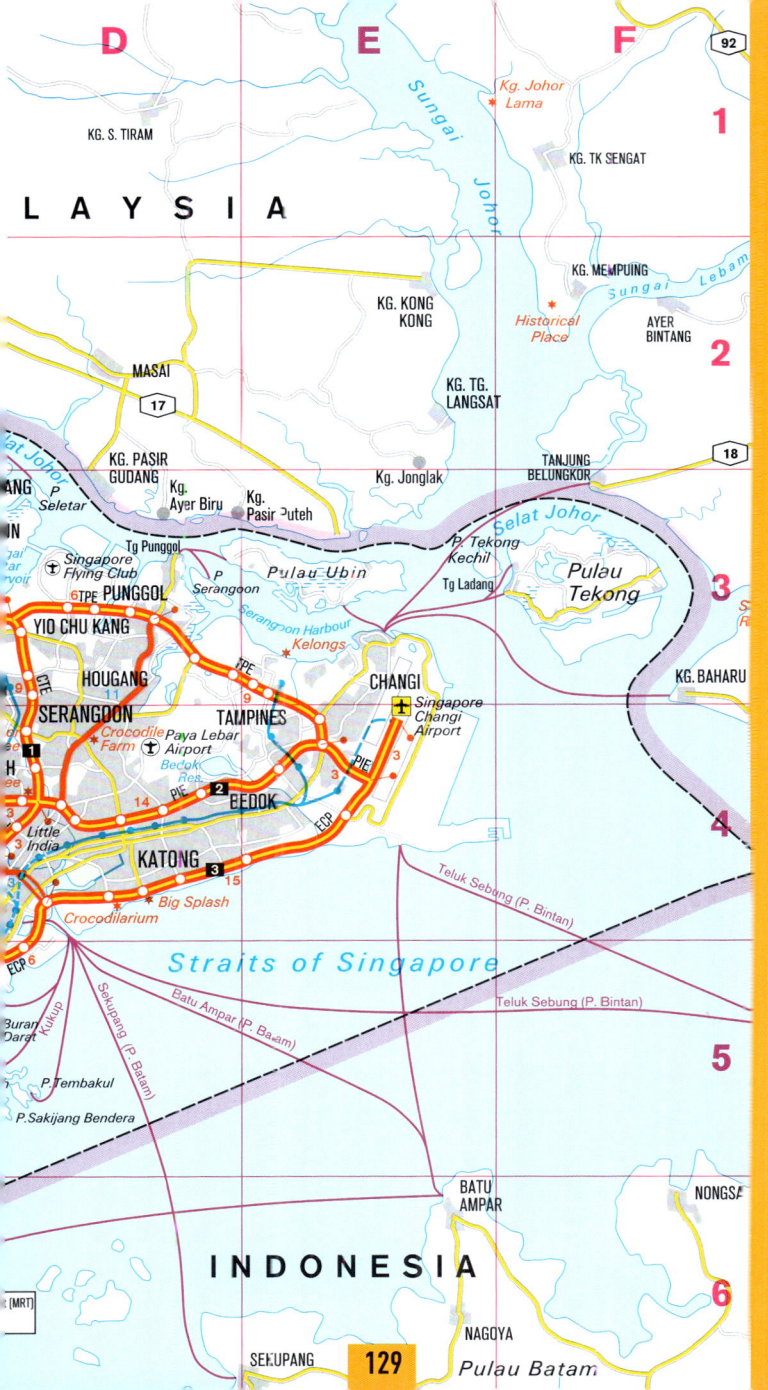

Das Register enthält eine Auswahl der im Cityatlas dargestellten Straßen und Plätze

STRASSENREGISTER

STRASSENREGISTER

River Valley Close 124/A1
River Valley Green 123/F1
River Valley Grove 119/E6
River Valley Road
   123/D1–124/C2
Road J 127/F1–F2
Road K 127/F1
Road M 127/E1–F1
Road N 127/D2–E2
Road P 127/D3–D2
Road Q 127/F2
Road R 127/F2–F3
Road S 127/F3
Roberts Lane 121/D3
Robertson Quay 124/A2
Robin Close 118/C1–119/D1
Robin Drive 119/D1
Robin Lane 118/C1–119/D1
Robin Road 118/C2–119/D1
Robin Walk 118/C1
Robinson Road 124/C5–125/D4
Rochalie Drive 118/E5–C5
Rochor Canal Road
   120/C4–121/F4
Rochor Road 121/D5–125/F1
Rodyk Street 124/A2
Rowell Road 121/D3
Rutland Road 120/C2–C3

S

Sago Lane 124/B4–C4
Sago Street 124/B4–C4
Saiboo Street 124/A2
Saint Andrew's Road 125/D2–E1
Saint Gregory's Place 125/D1
Saint Martin's Drive 118/C4
Saint Thomas Walk 119/F6
Sam Leong Road 121/D3–E3
Sarkies Road 119/F2
Saunders Road 119/F4–F5
Scotts Road 119/E4–F2
Seah Im Road 126/E2–C1
Seah Street 121/D6
Second Hospital Avenue 124/A4
Selegie Road 120/C4–C5
Seng Poh Lane 123/E3
Seng Poh Road 123/E3–E4
Sentosa Cove Avenue 127/F5
Serangoon Road 120/C4–121/F1
Serapong Course Road
   127/E5–E4
Serapong Hill Road 127/E4–F5
Seton Close 118/C4
Seton Walk 118/C4
Shanghai Road 123/D1
Shenton Way 124/C6–125/D4
Sherwood Road 118/A4–B5
Short Street 120/C4–C5
Shrewsbury Road 120/B1–B2
Silat Avenue 123/E5
Silat Lane 123/E5
Silat Walk 123/E5
Siloso Beach Walk 126/A3–B4
Siloso Road 126/A3–C4
Sing Avenue 121/D1–D2
Sing Joo Walk 121/D2
Sit Wah Road 123/E4
Smith Street 124/B4–C4

Solomon Street 124/B2
Somerset Road 119/F5–120/A5
Somme Road 121/E2–E3
Sophia Road 120/B4–C5
South Bridge Road
   124/C4–125/D2
South Canal Road
   124/C3–125/C3
Spooner Road 123/E5–E6
Spottiswoode Park Road
   124/A5–B6
Stamford Road 120/C6–125/E1
Stanley Street 124/C4–125/D4
Starlight Road 121/D2
Starlight Terrace 121/D2
Stevens Close 118/C2
Stevens Drive 118/C1–119/D1
Stevens Road 118/C1–119/E3
Strathmore Road 122/A1
Street 6 127/F1
Street 7 127/E1
Street 8 127/D3
Street 9 127/E3–F3
Street 10 127/F3
Sturdee Road 121/E2
Suffolk Road 120/B2
Sultan Gate 121/E5–F5
Sultan, Jalan 121/E4–F5
Sungei Road 120/C4–121/E4
Surrey Road 120/A2
Swiss Cottage Estate 119/D1–E1
Syed Alwi Road 121/D3–E4
Synagogue Street
   124/C3–125/D3

T

Taman Ho Swee 123/E2–E3
Taman Serasi 118/B3–B4
Tan Quee Lan Street 121/E5–E6
Tan Tye Place 124/C2
Tanglin Hill 118/A5
Tanglin Rise 118/A5–B5
Tanglin Road 119/D4–122/A2
Tanglin Walk 118/A5
Tanjong Beach Walk 127/D5–D6
Tanjong Pagar Plaza 124/B5–B6
Tanjong Pagar Road 124/C4–B6
Tanjong Pagar Terminal Avenue
   124/C6–125/D6
Tank Road 124/B1
Teck Guan Street 124/B2
Teck Lim Road 124/B4
Telegraph Street 125/D4
Telok Ayer Street
   124/C5–125/D3
Telok Blangah Crescent 122/B5
Telok Blangah Drive 118/A5
Telok Blangah Green 122/A5
Telok Blangah Heights
   122/A5–A6
Telok Blangah Rise 122/B6–C6
Telok Blangah Street 126/A1
Telok Blangah Way 122/B5–C6
Telok, Lorong 124/C3–125/D3
Temasek Avenue 125/F1–F2
Temasek Boulevard 125/F1
Temenggong Road 126/C1–C2
Temple Street 124/B3–C4

Teo Hong Road 124/B4
Tessensohn Road 121/D2–E1
Tew Chew Street 124/C2
Third Hospital Avenue 123/F4
Thomson Road 120/A1–B2
Tiong Bahru Road
   122/A2–123/F3
Tiong Poh Avenue 123/D4–E4
Tiong Poh Road 123/E4–F3
Tiong, Jalan 122/A2
Tiverton Lane 119/F6
Tomlinson Road 118/C4–C5
Tong Watt Road 124/A1–B1
Towner Road 121/E1
Townshend Road 121/E3–E4
Trafalgar Street 124/B6–C6
Tras Street 124/C5–C6
Trengganu Street 124/B4–C4
Tronoh Road 121/E1
Truro Road 120/C2
Tupai, Jalan 118/C5–119/D5
Tyersall Avenue 118/A3–A4
Tyersall Road 118/A2
Tyrwhitt Road 121/E2–E3

U

Unity Street 124/B1–B2
Upper Circular Road 124/C2
Upper Cross Street 124/B3
Upper Dickson Road
   120/C4–121/D4
Upper Hokien Street 124/C3
Upper Pickering Street 124/C3
Upper Ring Road 118/A3
Upper Weld Road 121/D4
Upper Wilkie Road 120/B4–C4

V

Veerasamy Road 121/D3–D4
Verdun Road 121/D3
Victoria Street 121/F4–125/D1
Viking Road 122/B2

W

Wallich Street 124/C5
Walshe Road 119/D2
Waterloo Street
   120/C6–121/D5
Wee Nam Road 120/A2
Weld Road 121/D4
White House Park 118/B1–B2
White House Road 118/C1
Wilkie Road 120/B4–C5
Wilkie Terrace 120/C5
Winstedt Drive 120/A3
Winstedt Road 120/A3
Woolwich Road 127/E5–F5
Worcester Road
   120/C2–121/D2

Y

Yan Kit Road 124/B5–B6
Yong Siak Street 123/E4
York Hill 124/A3

Z

Zion Close 123/D1–E1
Zion Road 123/E1–E3

Motorway / Autobahn	Autoroute / Autosnelweg
Road with four lanes / Vierspurige Straße	Route à quatre voies / Weg met vier rijstroken
Federal road or trunk road / Bundes- oder Fernstraße	Route nationale ou à grande circulation / Rijksweg of weg voor interlokaal verkeer
Main Road / Hauptstraße	Route principale / Hoofdweg
Other Roads / Sonstige Straßen	Autres routes / Overige wegen
Information / Information	Information / Informatie
One way road / Einbahnstraße	Rue à sens unique / Straat met éénrichtingsverkeer
Pedestrian zone / Fußgängerzone	Zone piétonne / Voetgangerszone
Main railway with station / Hauptbahn mit Bahnhof	Chemin de fer principal avec gare / Belangrijke spoorweg met station
Other railways / Sonstige Bahnen	Autres lignes / Overige spoorwegen
Aerial cableway / Kabinenschwebebahn	Téléférique / Kabelbaan met cabine
Underground / U-Bahn	Métro / Ondergrondse spoorweg
Ferry line - Landing stage / Fährlinie - Anlegestelle	Ligne de bac - Embarcadère / Veerdienst - Aanlegplaats
Church - Church of interest / Kirche - Sehenswerte Kirche	Église - Église remarquable / Kerk - Bezienswaardige kerk
Synagogue - Mosque / Synagoge - Moschee	Synagogue - Mosquée / Synagoge - Moskee
Temple - Temple of interest / Tempel - Sehenswerter Tempel	Temple - Temple remarquable / Tempel - Bezienswaardige tempel
Police station - Post office / Polizeistation - Postamt	Poste de police - Bureau de poste / Politiebureau - Postkantoor
Parking - Monument / Parkplatz - Denkmal	Parking - Monument / Parkeerplaats - Monument
Hospital / Krankenhaus	Hôpital / Ziekenhuis
Youth hostel - Camping site / Jugendherberge - Campingplatz	Auberge de jeunesse - Terrain de camping / Jeugdherberg - Kampeerterrein
Built-up area - Public building / Bebaute Fläche - Öffentliches Gebäude	Zone bâtie - Bâtiment public / Bebouwing - Openbaar gebouw
Industrial area / Industriegelände	Zone industrielle / Industrieterrein
Park, forest / Park, Wald	Parc, bois / Park, bos
Beach / Strand	Plage / Strand
Restricted traffic zone / Zone mit Verkehrsbeschränkungen	Circulation réglementée par de péages / Zone met Verkeersbeperkingen
Walking tours / Stadtspaziergänge	Promenades en ville / Wandelingen door de stad

FÜR IHRE NÄCHSTE REISE

gibt es folgende MARCO POLO Titel:

Im Register finden Sie alle in diesem Reiseführer erwähnten Sehenswürdigkeiten und Ausflugsziele sowie einige wichtige Straßen und Plätze. Halbfette Seitenzahlen verweisen auf den Haupteintrag.

> SCHREIBEN SIE UNS

Liebe Leserin, lieber Leser,

wir setzen alles daran, Ihnen möglichst aktuelle Informationen mit auf die Reise zu geben. Dennoch schleichen sich manchmal Fehler ein – trotz gründlicher Recherche unserer Autoren/innen. Sie haben sicherlich Verständnis, dass der Verlag dafür keine Haftung übernehmen kann.

Wir freuen uns aber, wenn Sie uns schreiben.

Senden Sie Ihre Post an die MARCO POLO Redaktion, MAIRDUMONT, Postfach 3151, 73751 Ostfildern, info@marcopolo.de

IMPRESSUM

Titelbild: Chinesische Oper (Huber: Picture Finders)
Fotos: Aramsa – The Garden Spa (14 M.); Café Del Mar (98 u.r.); Crème The Hair Spa: Loo Weiming Louis (15 u.); Déjà Vu Vintage: Kelly Yeo (14 o.); R. Freyer (Ul., Ur., 2l., 2r., 3l , 4l., 4r., 8/9, 11, 19, 22-23, 28, 30, 33, 36/37, 39, 40, 42/43, 45, 47, 48, 52, 54, 64, 66/67, 68, 72, 75, 78, 81, 84/85, 89, 91, 94/95, 97); G-MAX Reverse Bungy (93 M.r.); J. Gutowski (102); HB Verlag: Kiedrowski (3r.); Françoise Hauser (12 o.); S. und C. Hein (138); Huber: Picture Finders (1); M. Kirchgessner (93, 105); La Terra Magica: Lenz (U.M.); Laif: Heuer (99 M.r.); Mauritius Images: Alamy (116/117); A. M. Mosler (3M., 83, 92); Prime Magazine (13 u.); Singapore Night Safari (99 M.l.); Singapore Tourism Board (5, 50); T. Stankiewicz (6/7, 16/17, 26, 32, 35, 38, 56/57, 58, 61, 63, 71, 76/77, 86, 100/101); © ¡Stockphoto.com: Manuel H (14 u., 98 o.l.), Brandon Laufenberg (12 u.), Ian Scott (98 M.l.), Linda Wang (99 o.l.), o-che (13 o.); White Star: Reichelt (20, 20/21, 21, 92/93); Alvin Yapp: Shireen Lim (15 o.); Zouk Management Pte Ltd (99 u r.)

9., aktualisierte Auflage 2010

© MAIRDUMONT GmbH & Co. KG, Ostfildern
Chefredaktion: Michaela Lenemann (Konzept, Chefin vom Dienst), Marion Zorn (Konzept, Textchefin); Autor: Rainer Wolfgramm; Bearbeitung: Sabine und Dr. Christoph Hein; Redaktion: Manfred Pötzscher
Programmbetreuung: Silwen Randebrock; Bildredaktion: Gabriele Forst
Szene/24 h: wunder media, München
Kartografie: © MairDumont, Ostfildern
Innengestaltung: Zum goldenen Hirschen, Hamburg; Titel/S. 1–3: Factor Product, München
Sprachführer: in Zusammenarbeit mit Ernst Klett Sprachen GmbH, Stuttgart, Redaktion PONS Wörterbücher

> UNSERE INSIDER

MARCO POLO Korrespondenten Sabine und Dr. Christoph Hein im Intervie

Sabine und Christoph Hein leben seit 1999 in Singapur. Ihre Tochter ist ein „Singapore Girl", sie wurde im Stadtstaat geboren.

Was hat Sie nach Singapur verschlagen?

C.H.: Als Korrespondent der Frankfurter Allgemeinen Zeitung bekam ich das Angebot, ein Büro in Singapur für die Berichterstattung aus Asien aufzubauen. Eine Nacht Bedenkzeit haben wir uns genommen, dann haben wir zugesagt.
S.H: Und es bis heute nie bereut!

Macht Ihnen die Hitze nichts aus?

S.H.: Ich liebe das Tropenklima. Wir leben seit elf Jahren hier, reisen viel in die benachbarten Länder. Der Körper passt sich an, aber manchmal retten auch wir uns während eines Einkaufsbummels in eines der klimatisierten Geschäfte, nur um uns abzukühlen.

Was gefällt Ihnen an Singapur besonders?

C.H.: Wer Singapur nicht nur als günstigen Einkaufsort betrachtet, sondern sich auf die Stadt einlässt, kann tief in einen Schmelztiegel der asiatischen Kulturen eintauchen.
S. H.: Ich mag die Kinderfreundlichkeit und das viele Grün in der Stadt.

Wie sieht denn Ihr Tagesablauf aus?

S.H.: Wir haben eine kleine Tochter, sie bestimmt natürlich vieles. Sie liebt Singapur – und spricht schon genauso gut Englisch und Mandarin wie Deutsch. Ich organisiere unser Leben hier, was deutlich aufwendiger ist als in Deutschland, und führe das Büro, mein Mann ist ja sehr oft beruflich unterwegs.
C.H.: Mehr als die Hälfte des Jahres reise ich in Asien unher. Wenn ich dann in Singapur bin, empfinde ich es als sehr angenehm, dass hier alles leicht funktioniert, die Menschen sehr offen sind, die Gesundheitsversorgung Weltstandard hat.

Was machen Sie in Ihrer Freizeit?

C.H.: Wir beschäftigen uns intensiv mit asiatischer Kultur. Dafür ist die Stadt ideal. Unsere Tochter liebt es, den Zoo zu besuchen und Dschungelpfade zu erkunden. Und wir nutzen die Vielfalt der Restaurants: Eine echte Laksa in Katong für 4 Dollar je Schale wird nur noch vom Sonntagsbraten meiner Mutter übertroffen.

Nervt Sie auch etwas an Singapur ?

S. H.: Der Schimmel. Durch die stete hohe Luftfeuchtigkeit wird fast alles befallen: sogar Ledergürtel und Bücher, selbst CDs, die man länger nicht hört.
C. H.: Als Europäer haben wir eine ganz andere Sicht auf die Menschenrechte, lehnen die Todes- und die Prügelstrafe ab. Aber wir leben als Beobachter und damit als Gast in Singapur.

10 € GUTSCHEIN
für Ihr persönliches Fotobuch*!

Gilt aus rechtlichen Gründen nur bei Kauf des Reiseführers in Deutschland und der Schweiz

SO GEHT'S: Einfach auf www.marcopolo.de/fotoservice/gutschein gehen, Wunsch-Fotobuch mit den eigenen Bildern gestalten, Bestellung abschicken und dabei Ihren Gutschein mit persönlichem Code einlösen.

Ihr persönlicher Gutschein-Code: `mpn4jgcwa9`

Erlebe Deine Bilder!

Zum Beispiel das MARCO POLO FUN A5 Fotobuch für 7,49 €.

www.marcopolo.de/fotoservice/gutschein

Rauschgift mitbringen

Denken Sie erst gar nicht daran: Auch auf geringe Mengen Rauschgift (z. B. Designerdrogen, Hasch, Kokain, Heroin) stehen in Singapur drakonische Strafen, die bis zum Tod am Galgen reichen – auch für Ausländer. Es reicht schon der Besitz aus.

Am Wochenende Ausflüge machen

Ab Samstagmittag zieht es Hunderttausende von Singapurern bis Sonntagabend an all die Ausflugsziele, die Sie auch besuchen wollen. Lässt es sich einrichten, widmen Sie sich diesen Attraktionen besser von Montag bis Freitag.

Auf dubiose Geschäfte hereinfallen

Nehmen Sie deshalb gleich bei der Ankunft am Flughafen den kostenlosen „Official Guide Singapore" mit. Er enthält eine Liste der Geschäfte, die mit dem „Singapore Gold Circle" für ihre Zuverlässigkeit und Qualität ausgezeichnet wurden.

Die Regelungen zu Rauchen und Kaugummi missachten

Das Rauchen ist in klimatisierten Restaurants, öffentlichen Gebäuden und Fahrstühlen verboten – eine Geldbuße von 1000 S$ droht. Das berühmte Kaugummiverbot wurde nach zwölf Jahren gelockert: In Apotheken können Sie immerhin zwei Sorten Kaugummi „aus medizinischen Gründen" kaufen – etwa als Nikotinersatz für diejenigen, die dem Rauchen abschwören. Auf die Straße spucken dürfen Sie es trotzdem nicht.

Opfer von Nepp und Schleppern werden

Sie finden in ihrem Hotel eine unter der Zimmertür durchgeschobene Karte, auf der eine Dame entspannende Massage verspricht. Oder ein Anrufer erklärt Ihnen, dass das Fremdenverkehrsamt Sie zu einer kostenlosen Stadtrundfahrt abholen wolle und der Fremdenführer gleich an der Ecke auf Sie warte. Derlei Angebote sind illegal und der blanke Nepp. Ähnliches gilt auch für die Geschäfte der *touts*, der Schlepper, die Sie auf der Straße ansprechen: *„Copy watch? T-Shirts? Girls?"* oder seit einiger Zeit auch für Damen: *„Macho man?"*

Sonne und Hitze unterschätzen

Singapur liegt am Äquator. Die Sonne sticht. Und zwar auch dann, wenn der Himmel bedeckt ist. Die ausgesprochen hohe Luftfeuchtigkeit darf nicht darüber hinwegtäuschen, wie sehr Sie schwitzen werden. Trinken Sie sehr viel – 3 l Wasser werden empfohlen – und sehr oft. Benutzen Sie nur Sonnencreme mit hohem Lichtschutzfaktor. Sie können sie in Singapur in jeder Drogerien kaufen – und das im Allgemeinen billiger als in Deutschland.

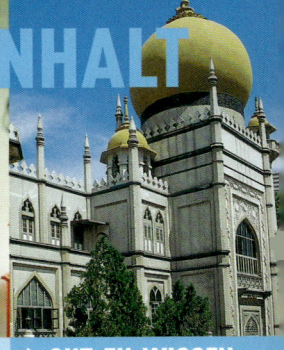

> SZENE

S. 12–15: Trends, Entde-
ckungen, Hotspots! Was
wann wo in Singapur los
ist, verrät der MARCO
POLO Szeneautor vor Ort

> 24 STUNDEN

S. 98/99: Action pur und
einmalige Erlebnisse in
24 Stunden! MARCO
POLO hat für Sie einen
außergewöhnlichen Tag
in Singapur zusammen-
gestellt

> LOW BUDGET

Viel Erleben für wenig Geld!
Die Low-Budget-Tipps zeigen
Ihnen, wo Sie günstig etwas
Besonderes bekommen und
Geld sparen können:

Saris aus dem Tempel S. 36 |
Eiswasser verlangen S. 65 |
Umsonst Lesen und Schmö-
kern S. 70 | Rock auf der
Rückseite S. 82 | Zelten in der
City S. 90

> GUT ZU WISSEN

Neuland S. 31 | Freiluft-Kunst S.
34 | Sportschau S. 46 | Blogs &
Podcasts S. 53 | Gourmet-
tempel S. 60 | Singapurer
Spezialitäten S. 64 | Bücher
& Filme S. 80 | Luxushotels
S. 88 | www.marcopolo.de S.
106 | Währungsrechner S. 107
|Adressen S. 111

AUF DEM TITEL
Shoppingmeile der
Extraklasse S. 35
Sentosa: Urbanes Paradies
S. 14

ENTDECKEN SIE SINGAPUR!

Unsere Top 15 führen Sie an die traumhaftesten Orte und
zu den spannendsten Sehenswürdigkeiten

Die Highlights sind in der Karte auf dem hinteren Umschlag eingetragen

Asian Civilisations Museum
Mitten im Kolonialviertel gibt das
frisch renovierte Museum Einblick
in die Kulturen der Region (Seite 28)

National Museum of Singapore
Hinter historischer Fassade verbirgt sich
Singapurs modernstes Kunstmuseum
(Seite 34)

Orchard Road
Shoppen bis zum Umfallen: Mit
Milliardenaufwand hat sich die
größte Einkaufsmeile Südostasiens
neu erfunden (Seite 35)

Raffles Hotel
Das Haus ist ein Schmuckstück aus der
kolonialen Vergangenheit Singapurs
(Seite 36)

Chinatown
Chinatown ist das ganze Jahr über
eine der Top-Attraktionen Singapurs;
und trotz einer groß angelegten
Sanierung ist der Charme des Stadt-
viertels noch immer unwiderstehlich
(Seite 40)

Sri Mariamman Temple
Kunterbuntes Heiligtum: Mitten
in Chinatown ehren auch die
Inder ihre Götter; Besucher des
Tempels kündigen sich per
Glockenklang an (Seite 43)

Thian Hock Keng Temple
Dieses glänzende Juwel zu Ehren
Buddhas finden Sie im Schatten
der Wolkenkratzer von Chinatown
(Seite 43)

> DIE BESTEN MARCO POLO HIGHLIGHTS

⭐ **Little India**
Das Viertel erlaubt einen Kurzausflug zu den farbigen Seiten des Subkontinents, ohne dass Sie dafür das behütete Singapur verlassen müssen (Seite 47)

⭐ **Vivo City**
In dem weißen Bau ohne Ecken und Kanten können Sie einen ganzen Tag verbringen (Seite 50)

⭐ **Tanglin Village (Dempsey Hill)**
Früher Militärbaracken, heute nachts das heißeste Kneipenviertel; tagsüber können Sie durch Antikläden bummeln (Seite 51)

⭐ **Botanic Gardens**
Für Jogger und Spaziergänger ein wunderbarer Ort (Seite 52)

⭐ **Singapore Zoological Gardens & Nightsafari**
In dem preisgekrönten Zoo haben die Tiere viel Auslauf (Seite 55)

⭐ **Lau Pa Sat Festival Market**
Ein superfrisches Mittagessen bekommen Sie bei den Hawkern, aber auch abends lohnt sich ein Besuch dieser altmodischen Halle (Seite 59)

⭐ **Indochine Waterfront**
Bistro, Bar und Restaurant direkt am Fluss mit Blick auf die Skyline – ein abendliches Muss (Seite 62)

⭐ **Sentosa**
Strände, Partys, ein Kasino und der Freizeitpark von Universal: für jeden etwas – rund um die Uhr (Seite 100)

WAS
FÜR
EINE
STADT!

Boat Quay mit Raffels-Denkmal

AUFTAKT

> Wollen Sie morgens durch Chinatown bummeln, sich mittags von den Geräuschen und Gerüchen Indiens verführen lassen, am Abend in einem edlen Kolonialhotel dinieren? Dann sind Sie in Singapur goldrichtig. Auf der Tropeninsel verschwimmen Zeiten und Kulturen. Briten, Malaien, Inder und Chinesen leben in der Weltstadt Südostasiens friedlich miteinander. Hier kommt jeder Gast auf seine Kosten. Moderne Einkaufspaläste und kleine Händler, verschlungene Wanderpfade unter Tropenbäumen und ein immer aufregenderes Kulturleben bieten Ihnen auf engstem Raum das Beste aus ganz Asien.

> Asien für Anfänger? Aseptischer Häuserhaufen ohne Gesicht, ohne Seele gar? Wohl kaum eine Stadt in Südostasien ist so klischeebehaftet wie die 5-Mio.-Menschen-Metropole Singapur. Jeder meint das kleine Tropeneiland am Zipfel des südostasiatischen Festlands – 42 km lang, maximal 23 km breit – zu kennen: Die meisten Besucher denken an Marathon-Einkaufstouren auf der Orchard Road. Oder an den berühmten Cocktail Singapore Sling, ein Relikt aus längst vergessener Zeit, als die Stadt britische Kronkolonie war. Und kein Besucher, der nicht über *fine city*, die schöne Stadt der Strafen, witzeln würde.

Ganz so abwegig sind die Klischees natürlich nicht. Die Stadt ist insofern „Asien light", als sie es Europäern leicht macht, sich schnell wohl zu fühlen. Wer auch nur ein bisschen Englisch spricht, kann Singapur problemlos auf eigene Faust erkunden. Er wird essen und trinken können, wo und wonach ihm der Sinn steht. Er wird sicher sein in jeder Ecke der Stadt. Und er wird überall auf freundliche Passanten treffen, die ihm weiterhelfen und – nicht ohne Stolz – die Heimat erklären.

> *Singapur macht es Europäern leicht, sich hier wohl zu fühlen*

Fast 13 Mio. Besucher kommen jährlich ins Tropenparadies, allein 150 000 aus Deutschland. Sie genießen den zuvorkommenden Service in den Hotels, schwelgen im kolonialen Flair und geben sich dem supermodernen Luxus dieser Stadt hin: Von 10–22 Uhr klingeln sieben Tage die Woche die Kassen der Shoppingmalls.

Wer es allerdings bei Erfahrungen im Einkaufsparadies belässt, nimmt einen reichlich oberflächlichen Eindruck mit nach Hause. Denn tatsächlich ist die Vielvölkerstadt mit ihren 77 Prozent Chinesen, 14 Prozent Malaien und acht Prozent Indern sehr wohl auch eine echte asiatische Metropole. Tolerant leben Buddhisten,

Schön anzusehen, doch gar nicht museal: In Singapurs Tempeln wird Glaube alltäglich gelebt

Moslems, Hindus und Christen nebeneinander. Zwei Feiertage wurden aus jeder Religion bestimmt, die jeweils inselweit gelten. Beim Bummel durch Stadtteile wie Chinatown oder Little India schauen Sie hinter die modern-westlichen Fassaden der Metropole, die Singapur auf den ersten Blick zu prägen scheinen. Der Alltag wird heute noch von den Traditionen der jeweiligen Heimatländer bestimmt. In leuchtend bunten Saris erledigen Frauen in Little India ihre Einkäufe, in Chinatown sind meist ältere Frauen im bequemen China-Look unterwegs, in pyjamaähnlichen Blusen-Hosen-Kombinationen. Entzückend sehen die malaiischen Kinder aus, wenn sie fein gemacht auf dem Weg in die Moschee sind.

> **Traditionen bestimmen den Alltag**

Die Mühen eines Spaziergangs im drückend heißen Tropenklima werden mit faszinierenden Eindrücken aus anderen Welten belohnt: Lassen Sie die Atmosphäre in einem der Hindutempel auf sich wirken, schauen Sie nicht nur kurz hinein. Gern wird man Ihnen die fremden Gottheiten erklären; sind Sie freitags unterwegs, kann es passieren, dass Sie zu einer Mahlzeit eingeladen werden. Beim Bummel durch Chinatown steigt Ihnen nicht nur in den chinesischen Tempeln, sondern auch an vielen Ecken des Viertels der Duft von Räucherstäbchen in die Nase: Auf kleinen Altärchen sind die duftenden Essenzen in bunte Früchte gesteckt.

Singapur entwickelt sich so schnell wie kaum eine andere Stadt der Welt. Hochhäuser und modernste Einkaufsmeilen wachsen hier im Monatsrhythmus aus dem Boden. Der Rentner im Feinrippunterhemd und die Geschäftsfrau im edlen Kostüm treffen sich mittags beim *hawker stall* um die Ecke: Die Liebe zum Essen vereint sie alle – Junge wie Alte, Reiche wie Arme, Chinesen, Malaien und Inder.

Singapur ist ein internationales Finanz- und Wirtschaftszentrum und versteht sich völlig zu Recht als *hub*, als Dreh- und Angelpunkt der Region, von dem aus nicht nur die unmittelbaren Nachbarn Indonesien und Malaysia profitieren, sondern Südostasien insgesamt. Mehr als zwei Drittel aller Waren, die Europa nach Südostasien schickt, werden über Singapurs imposanten Containerhafen in die umliegenden Länder verschifft. Auch ist Singapur ein Hafen der Stabilität in einer fragilen Region.

Die Regierungspartei People's Action Party (PAP) lenkt, begleitet von staatstreuen Medien, eine Regierung, die so lange behütend ist, wie niemand den Konsens in Frage stellt. Dabei mangelt es den anderen Parteien nicht grundsätzlich an Unterstützung: Viele Singapurer wünschen sich eine Kraft, die der PAP auf die Finger schaut. Doch die Partei des so autokratischen wie charismatischen Staatsgründers Lee Kuan Yew mit ihrem Quasi-Monopol auf Posten, Karrieren und Einfluss macht es jeder Opposition schwer.

> **Quasi-Monopol auf Posten, Karrieren und Einfluss**

Aus europäischer Sicht bleibt ein bitterer Beigeschmack, und es gibt Singapurer, die die politische und soziale Kontrolle als Entmündigung empfinden. Gewerkschaften sind zu Regierungsinstrumenten umfunktioniert, Zeitungen werden zensiert. Dennoch: Die Mehrheit der Bevölkerung ist mit ihrer Regierung zufrieden, auch wenn die Kluft zwischen Arm und Reich wächst. Die Arbeitslosenzahlen halten sich auch bei Wirtschaftsflaute in relativ engen Grenzen, es gibt einen gut ausgebildeten Mittelstand, ein soziales Netz und einen egalitären, sozialen Wohnungsbau. Zudem wird der Inselstaat von allen umliegenden Ländern um sein hervorragendes Gesundheitssystem beneidet. Die Kriminalitätsrate ist niedrig, das subjektive Sicherheitsgefühl viel größer als in anderen Großstädten. Das macht den Aufenthalt so angenehm – nicht nur für Besucher, die zum ersten Mal in Asien unterwegs sind.

> *Die Eroberer kamen – mit dem Fahrrad*

Singa Pura, Löwenstadt, taufte ihr Entdecker, der indische Prinz Nila Utama, Ende des 13. Jhs. dieses Küstendorf, nachdem ihm ein imposantes Wesen im dichten Tropenwald erschienen war, das er für einen Löwen hielt. „Singa" ist das Sanskrit-Wort für Löwe. Dank der günstigen geografischen Lage an der Malakka-Seestraße entwickelte sich der Flecken durch siamesische, indische, javanische und malaiische Kaufleute zu einem kleinen Handelsstützpunkt. Der Brite Sir Thomas Stamford Raffles, der im Januar 1819 dort landete, erkannte die strategische Bedeutung des Orts, dessen etwa 300 Einwohner zum Sultanat von Johor an der Südspitze Malaysias gehörten. Raffles akquirierte die Insel für die britische East India Company und legte so den Grundstein für Singapurs Zukunft. In knapp 50 Jahren rodeten indische Sträflinge den malariaverseuchten Dschungel, bauten Straßen und Kanäle. Chinesische Kulis schleppten Elfenbein und Gewürze, Tee, Seide, Edelhölzer und Opium, später auch Zinn und Kautschuk von den Schiffen in die Lagerhäuser. 1911 lebten schon 250 000 Menschen in Singapur; sie gehörten 48 Ethnien an. Die meisten kamen aus dem Süden Chinas, viele aus Indonesien, Malaysia und Indien.

Für die britischen Kolonialherren war Singapur ein äußerst wichtiger und

angeblich auch bestens befestigter Stützpunkt – von der Seeseite her uneinnehmbar für jeden Angreifer. Doch die Japaner, die während des Zweiten Weltkriegs Asien unter ihre Kontrolle zu bringen versuchten, benutzten bei ihrem Eroberungszug – Fahrräder! Sie radelten die Malaiische Halbinsel hinunter und eroberten das von dieser Seite ungeschützte Singapur am 15. Februar 1942. Die folgenden dreieinhalb Jahre bis zur Kapitulation am 21. August 1945 herrschten

und trägt ein Löwenhaupt über dem Fischschwanz.

Als Standbild grüßt Merlion heute die Besucher auf Sentosa, am Hafen und in den Andenkenläden. Schon die Fahrt vom Flugplatz in die Stadt verspricht, was Singapur hält: Palmen wiegen sich im Wind, links blitzt das Meer auf, jede Brücke ist üppig mit Bougainvilleen bepflanzt. Besucher sind immer wieder überrascht und begeistert von der gepflegten, blu-

Sag' mir, was die Zukunft bringt: Wahrsager in Little India

die japanischen Streitkräfte mit äußerster Brutalität auf der Insel. Danach kamen die Briten zurück, Singapur wurde Kronkolonie. Zum Wahrzeichen der Stadt erkor man das Fabeltier, das Prinz Nila Utama einst zu sehen glaubte: Merlion heißt es –

mengeschmückten Großstadt, in der es sich so gut leben lässt. Sie bietet ständig Neues: Inzwischen wird hier das erste Nachtrennen der Formel 1 ausgetragen, zwei Kasinos und der Freizeitpark von Universal locken Besucher.

▶▶ TREND GUIDE SINGAPUR

Die heißesten Entdeckungen und Hotspots!
Françoise Hauser scoutet Sie durch den Szene-Dschungel

Unser Szene-Scout

Seit dem Studium in Nanjing nahe Shanghai ist die Sinologin Françoise Hauser als freie Journalistin und Autorin tätig. Ihr Themengebiet ist Asien. Auf ihren vielen Reisen ins Land des Lächelns hat sich unser Szene-Scout in den Kontinent verliebt. Aus diesem Grund fliegt sie mehrmals im Jahr dorthin, recherchiert Trends, trifft sich mit Freunden oder ist spannenden Reportagethemen auf der Spur.

▶▶ SPORTLICHE ERFRISCHUNG

Mit Boot und Paddel unterwegs

Tropische Hitze rund ums Jahr, Spaß am Sport und viele künstliche Stauseen – kein Wunder, dass Kajakfahren in Singapur überaus beliebt ist. Ein- und Zweisitzerboote gibts bei *Splash Axis am Marina Reservoir (www.splashaxis.com).* Ausgefallener sind die Programme von *Paddle Culture (Big Splash Aquatic Centre, 902 East Coast Parkway, www.paddlecul ture.com):* Geführte Exkursionen und Kanu-Polo stehen auf dem Plan. Wer es schafft, aus dem wackeligen Kanu den Ball ins Tor zu treffen, ist garantiert reif für das große Meeresabenteuer, wie es bei *Water Venture (www.water-venture.org.sg)* angeboten wird: Von der Niederlassung in Changi sind es nur wenige Kilometer zur Insel Pulau Ubin und ihrem Naturschutzgebiet Chek Jawa, Singapurs „wilder Ecke".

SZENE

▶▶ GUT GESPIELT

Es geht noch mehr

Ganz neu und sehr umstritten: Seit 2010 ist in Singapur das Glücksspiel wieder erlaubt. Trotz des hohen Eintritts von 100 S$ strömen die Singapurer in Scharen ins Kasino auf der Insel Sentosa *(Resort World Sentosa, www.rwsentosa.com)*. Ausländische Besucher (Pass mitbringen!) kommen günstiger weg, für sie ist der Eintritt gratis. Vorher heißt es jedoch im „Schrein des deutschen Mädchens" auf der Insel Pulau Ubin den Geistern Opfer bringen. 1916 soll hier die deutsche Tochter eines Plantagenaufsehers auf der Flucht vor der Polizei in den Tod gestürzt sein. Wer an ihrer Grabstätte einen Obulus hinterlässt, so die Legende, wird mit reichlich Spielerglück belohnt. Kein Wunder, dass der abgelegene Schrein, der per Fähre von Changi zu erreichen ist, seit kurzem Zulauf hat!

▶▶ BIO(?)LOGISCH

Alles eine Frage der Haltung

Einfach nur Geld scheffeln war gestern. Singapur entdeckt seine ganzheitliche Seite! Glückliche Hühner und Bio-lebensmittel gibt es bei *Supernature (21 Orchard Boulevard #01-21/23/27 Park House, www.supernature.com.sg)*. Wer ganz genau wissen will, wo das Essen herkommt, pflückt selbst auf der Farm von *Bollywood Vegetables (100 Neo Tiew Road, www.bollywoodveggies.com, Foto)* – und lässt sich die Ernte vor Ort zubereiten! Oder macht gleich einen Kurs über Biogemüse mit Vor-Ort-Tasting und vielen Zubereitungstipps. Wenn es schnell gehen soll, ist das *Real Food Daily (5 Mohamed Sultan Road)* die richtige Acresse. Öko-Fastfood vom Feinsten und gehaltvolle Frühstücksmenüs stehen auf der Karte. Im modernen *7 Sensations (GEO Building, 16 Madras Street)* wird vor allem vegetarisch gekocht.

▶▶ SECOND HAND

Alles Neue ist alt

Mode ist zeitlos, und auch in Singapur muss nicht immer alles brandneu sein: *Vintage* ist hip. Angesagte Secondhandkleidung gibts im *Army Market (Golden Mile Food Centre, 505 Beach Road, Level 4)* und bei *Second Charm (5 Jalan Klapa, www.charm2nd.blogspot.com)*. Richtige Schnäppchen finden Sie auf dem legendären Flohmarkt *Thieves Market (Sungei Road nahe Sim Lim Square)*, der jeden Sonntagmorgen stattfindet. Profis graben die passenden Accessoires bei *Déjà Vu Vintage (9 Raffles Boulevard, #01-70 Millenia Walk, www.dejavuvintage.com,* Foto) aus.

▶▶ OPEN AIR

Dem Wellnesshimmel ganz nah

Singapur ist die ultimative Wellnessmetropole. Der neueste Trend in Sachen Spa heißt Open-Air-Wellness. Weltweit einzigartig ist das 6000 m² große Spa auf der Insel Sentosa, mitten in einem botanischen Garten. Schlammbecken, Dampfbäder und Blumenrituale stehen dort auf dem Programm *(www.spabotanica.com)*. Ebenfalls im Freien, mitten im Bishan-Park, liegt *Aramsa – The Garden Spa (1382 Ang Mo Kio Avenue 1, www.aramsaspas.com,* Foto). Selbst mitten in der City gibt es das ultimative Outdoor- und Tropenerlebnis – auf dem Dachgarten des *Eucalyptus Day Spa (43A Craig Road, www.eucalyptus.com.sg)*.

▶▶ FESTIVALS

Frische Töne aus der Musikszene

Bühne frei für Singapurs Musikstars von morgen! Die treffen sich geballt während des alljährlichen *Mosaic Music Festival*, wenn Jazz, World Music und Electroclash die *Esplanade – Theatres on the Bay* (Foto) rocken *(www.mosaicmusicfestival.com)*, auf dem dreitägigen Festival *Baybeats (www.baybeats.com.sg)* oder beim *Singapore Arts Festival (www.singaporeartsfest.com)* und *Timbre Musicfest (www.timbre.com.sg)*. China-Rock-Fans kommen in *The Ark Café (29 Carpenter Street, www.theark.com.sg)* auf ihre Kosten, z. B. bei Live-Gigs von *Wu Xian Yin Infinite Sound (www.myspace.com/wuxianyin)*.

▶▶ FEEL IT

Revival der Peranakan

Überall im Katong-Viertel stehen die knallbunten Häuser im Hochzeitstortenstil, typisch für eine Kultur, die in Singapur beinahe vergessen war. Erst in den 1990er-Jahren erinnerte man sich an die wohlhabenden Nachfahren der chinesisch-malaiischen Mischehen, die im 19. Jh. eine einzigartige Architektur, Kochkunst und Alltagskultur hervorbrachten. Nach dem Spazier-

gang über die Joo Chiat Road mit ihren verzierten Shophouses heißt es daher unbedingt: Peranakan-Küche probieren! Zum Beispiel im *Guan Hoe Soon Restaurant (38/40 Joo Chiat Place, www.guanhoesoon.com)* und dem *Blue Ginger (97 Tanjong Pagar Road, www.theblueginger.com)*; oder gleich bei Alvin Yapp: Auf Anmeldung lädt er kleine Gruppen in sein Privathaus ein und bewirtet die Gäste mit klassischer Peranakan-Küche nach den Rezepten seiner Mutter *(www.the-intan.com, Foto)*.

▶▶ HAIR-LICH

Mehr als nur ein Friseur

Waschen, Legen, Föhnen ist nicht mehr. Wer etwas auf sich hält, bucht eine Haar-Wellness-Einzelbehandlung. Im *Sabun Cabane (Tanglin Mall, 163 Tanglin Road, #03-22)* gehört selbstverständlich ein Glas Rotwein und coole Jazzmusik dazu. Im *Crème The Hair Spa (7 Rodyk Street, #01-31, Watermark@Robertson Quay, http://cremethehairspa.blogspot.com, Foto)* werden die Kunden nach individueller Kopfanalyse mit Aromatherapie, Massagen und Maniküre verwöhnt. Im *Giseno Hair Spa (820 Tampines Street 81, #01-518, www.gisenohair.com)* kommen koreanische Kräuter zum Einsatz, die u. a. für fülligeres Haar sorgen sollen – die Massage zur Verkürzung der Wartezeit funktioniert

allemal! Besonders gefragt ist das Familienunternehmen *Salon 916 (916 East Coast Road, mit Ableger in der Stevens Road im Pines Club)*, wo auf Gemütlichkeit gesetzt wird und die Kopf- und Nackenmassagen wunderbar entspannend sind.

> # FENGSHUI, KIASU
UND DIE LIEBE ZUR MALL

Von den fünf CS, der Sprache Singlish und dem Leben im
vollklimatisierten Wunderland

ABKÜRZUNGEN

Mit der MRT vom HDB in die Stadt,
statt auf dem verstopften PIE im Stau
zu stehen und dann noch am ERP
bezahlen zu müssen? Wer jetzt nur
noch Bahnhof versteht, braucht einen
Schnellkurs im Singapore-Speak, der
vor Abkürzungen nur so wimmelt.
Sie lassen sich im Alltag schnell
lernen, doch kommen immer neue
hinzu. Zur Auflösung: MRT ist der
Mass Rapid Transport, die U- und
Schnellbahn. HDB steht für Housing
Development Board, das die Woh-
nungen anbietet. Es steht aber auch
als Synonym für die Hochhaustürme
in den Satellitenstädten. PIE ist de-
Pan Island Expressway, eine de-
Singapurer Autobahnen. Und ERP
bezeichnet das Electronic Road Pri-
cing – ein Mautsystem, bei der die
Gebühr für Straßen, aber auch viele
Parkhäuser automatisch von eine-

Bild: In der Shoppingmall Ngee Ann City

STICH WORTE

Chipkarte im Auto abgelesen wird. Die Brücken etwa über der Orchard Road, an der die Lesegeräte befestigt sind, sind nicht zu übersehen.

FENGSHUI

Aufs richtige Fengshui kommt es auch in Singapur an. Fengshui (übersetzt „Wind und Wasser") ist die chinesische Kunst der Geomantik, des Erkennens von guten und schlechten Einflüssen, die von der Umgebung eines Hauses ausgehen und sich auf Gesundheit und Geschäftserfolg auswirken. Harmonie heißt das Zauberwort, und so werden die Ausrichtung eines Gebäudes, die Lage der Fenster und Türen genau festgelegt. Dreieinhalb Stunden (Preis etwa 35 S$ für Erwachsene) dauern die Fengshui-Spaziergänge, die mehrere Agenturen anbieten. Informationen erhalten Sie beim Singapore Tourism Board.

FÜNF CS

Bei allem Stolz auf das Erreichte schaut Staatsgründer Lee Kuan Yew manchmal erschrocken auf sein Volk: Stets hat er die Singapurer angetrieben, Geld zu verdienen und Geschäfte zu machen – mithin Singapur zu dem zu machen, was es heute ist. Die Kehrseite des Erfolgs: Zwischenmenschliche Beziehungen gehen verloren, wenn nur das Bankkonto und der berufliche Erfolg zählen. Dafür stehen die fünf Cs, die jeder in Singapur anstrebt: *Career* (Karriere), *Creditcard* (Kreditkarte), *Condo* (Abkürzung von Condominium, das bezeichnet eine noble Wohnanlage mit Schwimmbad), *Club* (mehrere Tausend Dollar teure Mitgliedschaft, je exklusiver, desto besser) und *Car* (Auto, ist wegen der hohen Einfuhrzölle etwa dreimal so teuer wie in Deutschland).

KAMPAGNEN

Ohne staatliche Kampagnen geht nichts. Legendär sind die Sauberkeitsaktionen aus den 1970er-Jahren, als neben jeder öffentlichen Toilette jemand positioniert war, der die Benutzer fragte, ob er die Spülung betätigt habe. Derzeit ermuntert die Regierung ihr Volk, unternehmerisch zu handeln. Nach bald 50 Jahren, in denen der Staat alles regelte, sind Eigeninitiative und Kreativität gefragt.

MALL-MANIA

Ihre Einkaufszentren, Shoppingmalls genannt, lieben die Singapurer. Weil der Inselstaat so gut wie kein Hinterland hat, sind die Freizeitmöglichkeiten begrenzt. Zwar gibt es Sportarenen, Naturparks und unzählige Angebote, die Freizeit sinnvoll zu

> DAS KLIMA IM BLICK

Handeln statt reden

Reisen bereichert und verbindet Menschen und Kulturen. Jedoch: Wer reist, erzeugt auch CO2. Dabei trägt der Flugverkehr mit bis zu 10% zur globalen Erwärmung bei. Wer das Klima schützen will, sollte sich somit nach Möglichkeit für die schonendere Reiseform (wie z. B. die Bahn) entscheiden. Wenn keine Alternative zum Fliegen besteht, so kann man mit *atmosfair* handeln und klimafördernde Projekte unterstützen.

atmosfair ist eine gemeinnützige Klimaschutzorganisation.

Die Idee: Flugpassagiere spenden einen kilometerabhängigen Beitrag für die von

ihnen verursachten Emissionen und finanzieren damit Projekte in Entwicklungsländern, die dort helfen, den Ausstoß von Klimagasen zu verringern. Dazu berechnet man mit dem Emissionsrechner auf *www.atmosfair.de* wie viel CO2 der Flug produziert und was es kostet, eine vergleichbare Menge Klimagase einzusparen (z. B. Berlin–London–Berlin: ca. 13 Euro). *atmosfair* garantiert, unter der Schirmherrschaft von Klaus Töpfer, die sorgfältige Verwendung Ihres Beitrags. Auch der MairDumont Verlag fliegt mit *atmosfair*.

Unterstützen auch Sie den Klimaschutz: *www.atmosfair.de*

Unten shoppen, oben „housen": So schön sieht die chinesische Variante vom „Kaufhaus" aus

verbringen – doch alle Appelle sind vergebens: Die meisten Singapurer zieht es in ihrer freien Zeit in die Einkaufszentren. Die sind täglich geöffnet, meist von 10 bis 22 Uhr. Am Wochenende kann es eine Qual sein, sich auf der Orchard Road zu bewegen. Während der Woche sieht man Schulkinder, die auf den Fluren oder noch lieber in Fastfood-Restaurants ihre Hausaufgaben machen – weil es so schön kühl ist und nicht alle HDB-Wohnungen mit einer Klimaanlage ausgerüstet sind.

SHOPHOUSES

In Little India, in Chinatown, an der Arab Street und am Boat Quay sind sie noch zu finden – die traditionellen Shophouses. Kurz bevor die letzten Häuser der frühen Einwanderer dem Erdboden gleichgemacht wurden, besann sich die Regierung. Heute beherbergen die meisten Shophouses kleinere Geschäfte oder Kneipen. Doch es gibt noch Familien, die so leben, wie es einst üblich war: Das untere Geschoss wird als Lager- oder Verkaufsraum, das obere als Wohnraum genutzt.

SINGLISH

Praktisch alle Singapurer sprechen zwei, viele oft drei oder vier Sprachen. Denn in der Schule ist die Verkehrssprache Englisch Pflicht, hinzu kommt die Sprache der Eltern – Mandarin, Tamil oder Malay. Ein richtiger Singapurer aber spricht in der Stadt vor allem Singlish: Ein Dialekt, der das Englische mit meist chinesischen Wortfetzen mischt. Berühmt ist die angehängte Silbe *lah,* etwa in okay-lah? Wichtig ist *kiasu.* Das Wort aus dem Hokkien-Chinesisch bezeichnet die „Angst vor dem Verlieren" – eine Eigenschaft, die sich die Singapurer selbst zuschreiben. Das führt einerseits etwa zum Drängeln beim Ausverkauf, andererseits aber nimmt es ihnen den Mut, Neues zu wagen. Also drängt das offizielle Singapur darauf, dass die Singapurer ihr *kiasu* ablegen.

ZWEI FEIERTAGE FÜR JEDEN

Singapurs bunter Festekalender
ist ein Zeichen für gelebte Toleranz

> Buddhisten, Christen, Hindus und Moslems – jeder Religionsgruppe stehen in Singapur zwei gesetzliche Feiertage zu. So sind große Feiertage einer Religions- oder Volksgruppe auch freie Tage für alle anderen; dann sind Behörden, Büros, Praxen und Großunternehmen geschlossen. Die Geschäfte hingegen bleiben (natürlich) geöffnet. Einzige Ausnahme: Beim chinesischen Neujahrsfest steht so gut wie alles still.

■ GESETZLICHE FEIERTAGE ■

1. Jan. Neujahr; **Ende Jan./Anfang Feb.** Hari Raya Haji; **Ende Jan./Anfang Feb.** Chinesisches Neujahr; Karfreitag; **1. Mai** Tag der Arbeit; **Ende Mai/Anfang Juni** Vesak-Tag; **9. Aug.** Nationalfeiertag; **Ende Okt./Anfang Nov.** Deepavali; **Nov.** Hari Raya Puasa (Ramadan); **25. Dez.** Weihnachten

■ FESTE ■

Januar/Februar

⭐ *Chinesisches Neujahrsfest:* Schon Tage vorher ist die Stimmung in der ganzen Stadt zu spüren: Häuser und Straßen werden festlich rot-golden geschmückt, die Einkaufszentren übertreffen sich gegenseitig. Immer wieder treten Trommelgruppen auf, Löwen- und Drachentänzer sind unterwegs. Am Hafen gibt es ein großes *Feuerwerk* (normalerweise sind Feuerwerkskörper verboten). Zum Neujahrs- oder Frühlingsfest, wie es auch genannt wird, versammeln sich die chinesischen Familien.

Februar

Thaipusam: Höchst dramatisch geht es zu Ehren des hinduistischen Gottes Muruga zu: Kavadi werden die pfauenfedergeschmückten Käfige genannt, deren Drahtenden sich Gläubige durch ihre Haut bohren: Die Metallgestänge werden sodann in einer Prozession über die Straßen getragen. Manche Männer legen den gut drei Kilometer langen Weg zwischen den Tempeln Sri Srinivasa Perumal und Sri Thendayuthapani auf Nagelschuhen zurück – nicht ohne vorher unter geistlicher Aufsicht

Inside Tipp

> EVENTS
FESTE & MEHR

wochenlang gefastet und meditiert zu haben.

März/April

Insider Tipp

Ching-Ming-Fest: Chinesische Mischung aus Allerheiligen und Ostern: Auf den Friedhöfen gehen zu Ehren der Verstorbenen Mercedes-Autos, Rolex-Uhren und Computer in Flammen auf – allerdings sind die Schätze nur aus Papier. Die guten Sachen werden über den Rauch ins Jenseits transportiert und sollen das Leben des Verstorbenen luxuriös gestalten.

Mai/Juni

Insider Tipp

Great Singapore Sale: Gut einkaufen kann man zwölf Monate im Jahr. Doch beim Great Sale macht es noch einmal so viel Spaß und spart Geld.

Juni

Drachenbootfest: Einst initiiert im Gedenken an Chinas Gelehrten Qu Yuan, der sich vor 2400 Jahren aus Gram über die Korruption im Staat ertränkte und dem Fischerboote zu Hilfe eilten – heute ein Spektakel in der Marina Bay.

August

Fest der hungrigen Geister: Überall in der Stadt stehen kleine Altäre, auf denen den Verstorbenen Obst geopfert wird. Zentrum ist vor allem Chinatown.

September/Oktober

Thimithi: Zu Ehren der Göttin Draupathi laufen Gläubige im Hof des Sri Mariamman Temple über glühende Kohlen. Ende September fährt die *Formel 1* ihr Nachtrennen.

November

Hari Raya Puasa: Der muslimische Fastenmonat ist eine gute Gelegenheit, Spezialitäten der malaiischen Küche kennen zu lernen. Denn gefastet wird nur am Tag – abends herrscht großer Trubel an den Essständen in der Nähe der Moscheen.

> TRADITION UND MODERNE

Ursprüngliches Leben in Chinatown und Little India – und ein
paar Straßen weiter pulsiert die Metropole der Zukunft entgegen

> **Ob beim Stadtspaziergang zwischen
den Wolkenkratzern im Central Business
District oder entlang der kleinen Shophouses in den Vierteln Chinatown und
Little India oder bei der Erkundung der
zahlreichen Parks und Gärten – die Regel
Nummer eins lautet immer und überall:
Gehen Sie langsam durch die Stadt.**
Packen Sie sich Ihr persönliches
Sightseeing-Programm auf keinen
Fall zu voll. Denn im tropischen
Stadtstaat ist schon ein kurzer Spaziergang wegen der heißen Tempera-
turen meist über 30 Grad und des
feucht-schwülen Klimas sehr anstren-
gend. Wer ausreichend Pausen einlegt
und viel Mineralwasser trinkt, kommt
besser mit der hohen Luftfeuchtigkeit
zurecht.

Die Stadt lässt sich ganz wunder-
bar zu Fuß entdecken. Die Viertel
Chinatown, Little India und Arab
Street hat Sir Stamford Raffles, der
Gründungsvater Singapurs, einst an-

Bild: Hinduistischer Sri Mariammam Temple

SEHENS
WERTES

gelegt – er hielt es für sinnvoll, die Ethnien zu trennen. Heute lächelt die multikulturelle Gesellschaft der Stadt darüber, denn in Little India sind so viele chinesische Geschäftsleute zu finden wie indische Schneider in Chinatown – aber dennoch: Bei Spaziergängen durch diese Viertel ist der ursprüngliche Charakter der Stadtteile noch zu spüren.

Nehmen Sie sich Zeit für einen geruhsamen Bummel rund um die Serangoon Road in Little India, lassen Sie sich von den freundlichen Händlern ihre exotischen Waren erklären. Im Thian-Hock-Keng-Tempel in Chinatown zeigt man Ihnen, wie mit Hilfe von Schüttelstäbchen ein Blick in die Zukunft möglich ist. Beim Bummel entlang des Flusses und in Richtung des Kulturtempels Esplanade bekommen Sie einen zarten Eindruck vom alten kolonialen Glanz der Metropole.

SINGAPUR IM ÜBERBLICK

Die Karte zeigt die Einteilung der interessantesten Stadtviertel. Bei jedem Viertel finden Sie eine Detail-karte, in der alle beschriebenen Sehenswürdigkeiten mit einer Nummer verzeichnet sind

Das moderne Singapur lässt sich auf der Orchard Road, im Central Business District und in der neu entstehenden Marina Bay entdecken. Zwischen den Wolkenkratzern und den Straßen entlang des Meers entsteht ein künstlich geschaffenes, zentrales Viertel. 2010 öffneten die beiden Kasinos mit ihren riesigen Hotels und der Freizeitpark der Universal Studios ihr Pforten. Sie haben mehr als 10 Mia. Dollar gekostet. Dabei wurden erst im Jahr 2006 ein neues Gericht, eine riesige Stadtbibliothek, die Singapore Management University im Herzen der Stadt eröffnet und der Umbau des National Museums abgeschlossen.

Beim Stadtbummel kann man sich in den klimatisierten Einkaufszentren prima erholen und beim Essen pausieren. Die blitzblanken, kühlen Züge der U-Bahn MRT bieten sich nicht nur für die Ziele in der Innenstadt, sondern auch für Ausflüge in die Satellitenstädte an. Dort, in Pasir Ris, in Sembawang oder in Boon Lay, wo endlose Reihen Hochhäuser in den Himmel gewachsen sind, finden Sie Singapurs *heartland*, wie die Inselbewohner ihre Heimat fern der Innenstadt nennen. Überdachte Gehwege führen in die Hochhausanlagen, die meist von kleinen Geschäften, so genannten „Mama- und Papa-Shops", umringt sind. Die Märkte für frische

> www.marcopolo.de/singapur

Waren sind im Keller untergebracht, der Boden ist nass, deshalb werden sie *wet markets* genannt.

Die Kunst ist noch ein junges Kapitel in der Geschichte der Stadt. Doch die Regierung hat den Nachholbedarf erkannt. Neue Museen entstehen, und auf der Kunstausstellung Biennale lässt der Zensor sogar regierungskritische Kunst zu. In den Esplanade Theatres on the Bay werden neben Konzerten und Theateraufführungen auch Wechselausstellungen gezeigt.

Singapur setzt sich mutig und ganz bewusst in Konkurrenz zu Kuala Lumpur und Hongkong. Die Stadt bemüht sich, einen Bogen zu spannen

zwischen der asiatischen und der westlichen Kultur. Alle ethnischen Gruppen Singapurs sollen angesprochen werden. Das ist nicht so einfach. Da die Singapurer Nachfahren von Zuwanderern aus kulturell sehr unterschiedlichen Ländern sind, fällt es ihnen schwer, ihre Kulturgüter gegenseitig zu würdigen. Doch während bei indischen Tanzdarbietungen oder bei Pekingopern die jeweiligen Volksgruppen noch immer unter sich bleiben, locken Straßentheatergruppen, die inzwischen auf der Orchard Road zugelassen wurden, ein gemischtes Publikum an. Trotz des Ziels, eine eigene Singapurer Kunstwelt aufzubauen, bleibt es im Vielvölkerstaat

MARCO POLO HIGHLIGHTS

★ **Asian Civilisations Museum**
Die Region auf dem Präsentierteller (Seite 28)

★ **National Museum of Singapore**
Moderne Kunst im renovierten Kolonialbau (Seite 34)

★ **Orchard Road**
Schöner shoppen auf der neu gestalteten Einkaufsmeile der Superlative (Seite 35)

★ **Raffles Hotel**
Viktorianisches Flair im Baudenkmal (Seite 35)

★ **Chinatown**
Renovierte Shophouses und der Clarke-Quay für Nachtschwärmer (Seite 40)

★ **Sri Mariamman Temple**
Ein buntes, hinduistisches Gotteshaus (Seite 43)

★ **Thian Hock Keng Temple**
Glitzerndes, schön renoviertes Schmuckstück (Seite 43)

★ **Little India**
Bei Indern zu Hause – zwischen Gewürzen und Göttern (Seite 47)

★ **Vivo City**
Wie ein weißes Raumschiff – das Herz des neuen Hafenviertels (Seite 50)

★ **Botanic Gardens**
Für viele der schönste Park Asiens (Seite 51)

★ **Tanglin Village (Dempsey Hill)**
Zeit für Entdeckungen (Seite 51)

★ **Singapore Zoological Gardens & Nightsafari**
Sehen Sie Tiere in riesigen Freigehegen (Seite 55)

dennoch wichtig, auch das kulturelle Erbe seiner chinesischen, malaiischen und indischen Bewohner zu konservieren; Informationen über sämtliche Aktivitäten finden Sie unter *www. yoursingapore.com*.

Singapur besitzt knapp 140 größere Kirchen, Moscheen und Tempel. Daneben gibt es viele Dutzend kleinere Gebetsstätten. Alle stehen zur Besichtigung offen. Vor dem Betreten von Moscheen und Tempeln müssen Sie Ihre Schuhe ausziehen, und besonders in islamischen Gotteshäusern wird von Frauen dezente Kleidung erwartet. Die Hauptgebetshallen der Moscheen sind Männern vorbehalten.

Gut gemacht: Stadtgründer Sir Raffles

In den Tempeln folgen Sie am besten den Einheimischen. Sie dürfen an allem teilnehmen, können Räucherstäbchen kaufen und in die Gefäße vor den Altären stecken oder sich dem Rundgang der Gläubigen (immer links herum gehen!) anschließen. Hinterlassen Sie eine kleine Spende, denn die Gotteshäuser leben davon. *Die Gebetshäuser sind meist tagsüber geöffnet.*

STADTKERN (KOLONIAL-VIERTEL UND MARINA BAY)

> Der Stadtkern Singapurs ist entlang seiner früheren Lebensader gewachsen, dem Singapore River. An seinen Ufern liegen die schönsten restaurierten Kolonialgebäude, hier steht natürlich auch die Statue des Stadtgründers Sir Stamford Raffles. In den Bankentürmen am gegenüberliegenden Ufer verdient Singapur heute sein Geld. Im Kolonialviertel, eingebettet zwischen Chinatown, Little India und den zentralen Geschäftsbezirken, befinden sich die schönsten Museen der Stadt, die großen Hotels, die prunkvollsten Geschäfte. Hier stehen die Baudenkmäler aus den Zeiten der britischen Kolonialherrschaft. Singapurs Stadtväter aber beweisen Mut, Neu und Alt miteinander zu verbinden: Das alte Rathaus, in dem die Japaner die Kapitulation unterzeichneten – der historische Raum ist zu besichtigen – und das dahinter liegende alte Gerichtsgebäude sollen bis 2012 ein

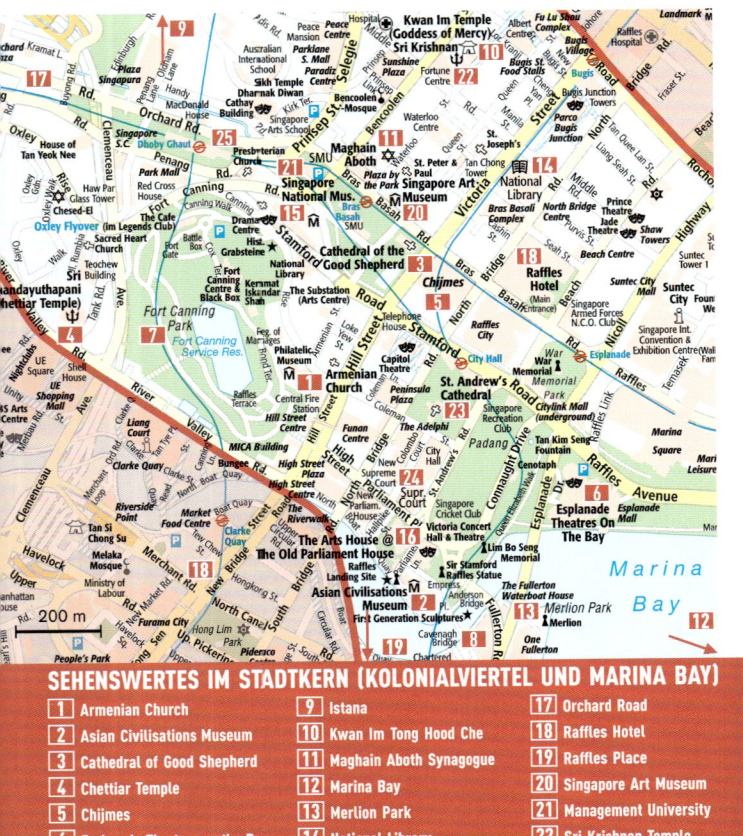

SEHENSWERTES IM STADTKERN (KOLONIALVIERTEL UND MARINA BAY)

1 Armenian Church
2 Asian Civilisations Museum
3 Cathedral of Good Shepherd
4 Chettiar Temple
5 Chijmes
6 Esplanade Theatres on the Bay
7 Fort Canning Park
8 Fullerton Hotel

9 Istana
10 Kwan Im Tong Hood Che
11 Maghain Aboth Synagogue
12 Marina Bay
13 Merlion Park
14 National Library
15 National Museum
16 The Old Parliament

17 Orchard Road
18 Raffles Hotel
19 Raffles Place
20 Singapore Art Museum
21 Management University
22 Sri Krishnan Temple
23 St Andrew's Cathedral
24 Supreme Court

Museum der Superlative für südostasiatische Kunst werden. Der Neubau
des Gerichts erhielt eine Kuppel von
Stararchitekt Sir Norman Foster. Und
mitten im Zentrum setzte die Stadt ein
Zeichen für ihre Zukunft Genau hier
hat Singapur den grünen Campus
seiner Management-Universität angelegt. Auf der anderen Seite der
Marina Bay glänzen die drei riesigen
Türme des Bay Sands Hotels. Über
einen Dachgarten verbunden, sind sie
das jüngste Wahrzeichen der Stadt.
Unter ihnen liegen das mondäne
Kasino, die „Louis-Vuitton-Insel",
Tagungszentren und Restaurants. Da-

neben wächst ein zweiter botanischer Garten heran, gegenüber lockt das Riesenrad, der *Singapore Flyer.* Das neue Stadtviertel gruppiert sich um das größte Trinkwasserreservoir Singapurs und wächst auf neuem Land heran, das dem Meer abgerungenen wurde.

1 ARMENIAN CHURCH [125 D1]

Mit dem Bau dieser Kirche lieferte der Architekt Georg Coleman 1835 sein Meisterstück ab. Doch die Gemeinde war nicht so ganz glücklich mit der Kuppel über dem Kirchenschiff: Im Jahr 1850 wurde stattdessen ein spitzer Kirchturm aufgepflanzt, der mit dem Portikus allerdings nicht so recht harmoniert. Viele Mitglieder der einst großen armenischen Gemeinde, Flüchtlinge aus der Türkei, wurden im Friedhof hinter der Kirche beigesetzt. Kirche und Friedhof wurden zum Nationaldenkmal erklärt. *Hill Street | MRT CC 2 Bras Basah, EW 13, NS 25 City Hall, dann Bus 197*

2 ASIAN CIVILISATIONS MUSEUM ⭐ [125 D2–3, 125 D1]

Das Museum ist auf zwei Häuser aufgeteilt. Das Haupthaus *ACM at Empress Place* gegenüber dem Boat Quay konzentriert sich auf die Darstellung der Kulturen Südostasiens, Chinas, Südasiens und des Islam. Schon das 135 Jahre alte Gebäude ist ein Schmuckstück, bis 2003 saßen hier Regierungsbeamte.

An der *Armenian Street* können Besucher die Welt der *Peranakan* erleben. Sie sind Nachkommen der frühen chinesischen Einwanderer nach Malaysia und Singapur. Die Siedler heirateten Frauen aus Malaysia, übernahmen sogar Eigenarten der britischen Kolonialherren, und so entstand eine einzigartige, ganz neue Mischkultur. Ein kleiner Film führt in das Thema ein, bevor die weit-

Die Architektur der Esplanade Theatres on the Bay regt zu Diskussionen an

läufige Ausstellung in dem wunderschönen, 1910 als Schulhaus erbauten Gebäude entdeckt werden kann. *ACM (gegenüber dem Fullerton Hotel): Eintritt 8 S$ | Mo 13–19, Di–So 9–19, Fr bis 21 Uhr | MRT NS 26, EW 14 Raffles Place | Niederlassung Peranakan Museum Armenian Street: Eintritt 6 S$ | Mo 13–19, Di–So 9.30–19, Fr bis 21 Uhr | MRT NS 25, EW 13 City Hall | www. acm.org.sg*

3 CATHEDRAL OF THE GOOD SHEPHERD [120 C6]

Der Grundstein zu Singapurs Bischofssitz wurde 1843 gelegt. Seine klaren Linien entwarf der damals prominente Baumeister J. T. Thomson. *Queen Street | MRT EW 13, NS 25 City Hall*

4 CHETTIAR TEMPLE [124 B1]

Ein 1850 an dieser Stelle erbauter Tempel musste 1984 dem jetzigen Gebäude Platz machen. Das Dach ist so konstruiert, dass Morgen- und Abendsonne durch 48 verzierte Glasscheiben auf Innenhof und Altäre fallen können. Die *Chettiar* waren die traditionellen Geldwechsler, deren Vorfahren aus dem südindischen Madras kamen. Der Tempel ist Schauplatz der Feste Thaipusam und Navarathri. *15 Tank Road | MRT NS 24, NEG, CC1 Dhoby Gnaut, dann Bus 64*

5 CHIJMES ▶▶ [125 D1]

Bevor Sie sich die Zunge brechen: Der Name dieser Klosteranlage wird *Tschaims* ausgesprochen. Der englische Ordensname lautet „Convent of the Sisters of the Holy Infant Jesus"

und wird zu CHIJ abgekürzt, davon leitet sich Chijmes her. Die Gebäude sind die eigentlichen Museumsstücke und beherbergen Galerien, Restaurants, Cafés und Boutiquen. *Tgl. 8–24 Uhr (Läden tgl. 11–22 Uhr) | Eintritt frei | Victoria Street/Bras Basah Road | MRT EW 13, NS 25 City Hall, CC 2 Bras Basah*

6 ESPLANADE THEATRES ON THE BAY ▶▶ [125 E2]

Schon die Architektur zwingt zur Polarisierung. Während die Fans des Gebäudes, das ein Theater mit 2000 Plätzen, einen Konzertsaal mit 1600 Sitzen sowie eine Shoppingmall beherbergt, angetan sind von der Optik, lästern böse Zungen über das Design des Dachs. Schon vor der Eröffnung hatte die riesige Halle ihren Spitznamen weg: Durian wird sie genannt, denn mit dem stacheligen Schutz der Glasdächer erinnert der Bau tatsächlich an die pickelige Schale der Lieblingsfrucht Südostasiens, die zwar köstlich schmeckt, gleichwohl aber streng riecht. *MRT EW 14, NS 26 Raffles Place oder MRT NS 25, EW 13 City Hall, CC3 Esplanade | www.esplanade.com*

7 FORT CANNING PARK ☆ [124 C1]

Nur fünf Minuten von der Orchard Road entfernt können Sie durchatmen. Der schöne Fort-Canning-Hügel bietet einen tiefen Einblick in Singapurs Geschichte wie auch moderne Kultur. Hier finden alljährlich das Musikfestival *Womad* und mehrmals im Jahr das *Ballet under the Stars* statt. Der Hügel ist der älteste Herrschaftssitz der Insel, auf der schon vor 600 Jahren Menschen lebten: Hier

liegt der *Keramat,* in dem der Sultan Iskandar Shah beigesetzt sein soll. Der Gründer Singapurs, Sir Stamford Raffles, errichtete hier oben sein erstes Haus, das inzwischen nachgebaut wurde. Auch finden sich auf dem Hügel einige Grabmale früher Siedler. Auf einem von ihnen entdecken Sie auch den Namen George Cole-

purs, der hier lag. Spice Garden Tour: *Do und Sa 8.30–10 und 10–13.30 Uhr | 40 S$ |* Kochschule: *Mo–Fr 9–18, Sa 9–17 Uhr | 107 S$, inkl. Gartentour 142 S$ | Tel. 63 36 33 07* www.at-sunrice.com*).*

Auf der anderen Seite des Hügels steht das *The Legends Fort Canning Park.* Der private Club mit einigen

Im Fort Canning Park fanden Sultane und Siedler ihre letzte Ruhe unter alten Bäumen

man. Er ist der Architekt des alten Parlamentsgebäudes und der Armenischen Kirche. Oberhalb des Keramat liegt der Kolonialbau *Fort Canning Centre.* Hier haben das *Singapore Dance Theatre* und die Kochschule *At-Sunrice* ihren Sitz. Sie bietet Kochkurse zusammen mit einem informativen Rundgang durch den verwunschenen Gewürzgarten des ehemaligen Botanischen Gartens Singa-

öffentlichen Restaurants residiert in einem Gebäude von 1926. Hier lag einst das britische Oberkommando für die Halbinsel Malaya. *MRT N5 24, NE 6, CC 1 Dhoby Ghaut, dann etwa 10 Min. Fußweg*

▣ FULLERTON HOTEL [125 C3]

Das Grandhotel macht kein Geheimnis daraus, dass seine Renovierung 400 Mio. US-Dollar gekostet hat. Seit

der Neueröffnung 2001 hat sich das Haus im Herzen der Stadt etabliert – Singapurer und Touristen lieben es, auf der Terrasse zu sitzen und auf den Fluss zu schauen. An der strategisch günstigen Stelle wurde 1829 ein Fort gebaut. Es wurde nach dem ersten Gouverneur Sir Robert Fullerton benannt. 1928 entstand das Fullerton-Gebäude – damals das höchste Haus der Stadt. *1 Fullerton Square | MRT EW 14, NS 26 Raffles Place*

9 ISTANA [120 A–B4]

Die Istana – malaiisch für Palast – war früher die Residenz des Repräsentanten der britischen Krone und ist heute der offizielle Wohnsitz des Präsidenten von Singapur. Das prachtvolle Gebäude inmitten einer riesigen Parkanlage (der Eingang liegt an der Orchard Road) bekommen normale Singapurer und Touristen nur fünfmal im Jahr zu sehen: am 1. Januar und am 1. Mai sowie am chinesischen Neujahrstag, an *Hari Raya Puasa* und *Deepavali. Orchard Road | MRT NS 24, NE 6, CC 1 Dhoby Ghaut*

10 KWAN IM TONG HOOD CHE TEMPLE [121 D5]

Insider Tipp

Zwar kann es dieser moderne buddhistische Tempel, was die Innenausstattung angeht, kaum mit anderen buddhistischen Tempeln aufnehmen – dennoch bekommen Besucher einiges zu sehen: Gläubige, die ihre Einkaufstüten rasch absetzen, um nach Bündeln mit Räucherstäbchen zu greifen, die sie andächtig zwischen den Händen halten. Vor den Buddhastatuen knien oder setzen sich die Betenden nieder. Viele versuchen, mit sogenannten Schüttelstäbchen einen Blick in die Zukunft zu werfen. Auch vor dem Tempel herrscht reger Betrieb: Losverkäufer und die Betreiber der Blumenstände dürfen sich über gute Geschäfte freuen. Im Tempel ist fotografieren streng verboten. *178 Waterloo Street | MRT EW 12 Bugis*

11 MAGHAIN ABOTH SYNAGOGUE [120 C6]

Vor über 100 Jahren legten arabische Juden den Grundstein zu diesem Gotteshaus. Es ist damit Sitz der

> NEULAND

Wo früher Meer war, wächst Singapur heute weiter

In den vergangenen Jahren hat Singapur dem Meer Land abgerungen – mehr als 120 km² sind es bisher: Von 580 km² dehnte sich der Stadtstaat auf 697 km² aus; langfristig sind 760 km² angepeilt. Singapurs moderner Flughafen Changi mit seinem neuen Terminal für Billigflieger steht beispielsweise auf gewonnenem Land. Zurzeit wird die Insel Tekong im Nordosten ausgeweitet. Das Bankenviertel ist ebenso auf aufgeschüttetem Sand gebaut wie die neue Geschäftsstadt, die gerade rund um den Hafen entsteht – unter anderem mit dem höchsten Apartmenthaus der Welt. Das Land wird durch Aufschüttung von Sand gewonnen – Sand, den das Inselland teuer in Indonesien einkaufen muss. Die frühere Küstenlinie übrigens muss man sich entlang der Beach Road vorstellen.

ältesten jüdischen Gemeinde Südostasiens. Ihre Mitglieder kamen überwiegend aus Bagdad und nach der kommunistischen Machtübernahme aus China. *24 Waterloo Street | MRT NS 24, NE 6 Dhoby Gnaut*

🟥 **MARINA BAY** [125 D–F 2–6]
Langsam wächst der junge Stadtteil Marina Bay auf dem vom Meer abgetrotzten Land. Mit dem Kulturzentrum *Esplanade Theatres on the Bay* und der Ausgehmeile *One Fullerton* begann die Entwicklung der neuen Downtown. Noch sind die Grenzen vage, es handelt sich dabei um das Gebiet rund um die Mündung des Singapur-Flusses.

Das junge Viertel liegt nur einen Katzensprung vom Business District (die Straßen rund um den Shenton Way) und der Promenade des Boat Quay entfernt. Marina Bay ist zu Fuß vom *Padang* zu erreichen, dem Paradeplatz, und auch *Suntec City* gehört dazu. Diese als „Stadt in der Stadt"

konzipierte Shoppingmall ist von fünf Bürotürmen (Nummer fünf ist kleiner als die anderen) umringt. Bestimmt wird Marina Bay von den drei gigantischen Türmen des Marina Bay Sands Hotels mit seinen 2500 Zimmern *(MRT NS 27 Marina Bay/ MRT CC 4 Promenade)*. Wohl zu Recht erwartet der Architekt, das Gebäude werde eines der am meisten fotografierten der Welt werden. Das Turmtrio wird über seine Dächer im 55. Stockwerk, einem überdimensionalen Bügelbrett gleich, mit einem Dachgarten verbunden. In diesem Sky Park auf 200 m Höhe liegen Restaurants, ein 150 m langes Schwimmbad und eine Aussichtsplattform. Darunter das größte Kasino Südostasiens, ein Tagungszentrum für 45 000 Delegierte, Luxusgeschäfte und Edelrestaurants, unter anderem betrieben vom österreichischen Starkoch Wolfgang Puck. Zu dem Komplex gehören auch die selbsternannte Ultra-Lounge *Pangaea* und der Me-

Neuland Marina Bay: Noch vor wenigen Jahren hätten hier nur Schwimmer trainieren können

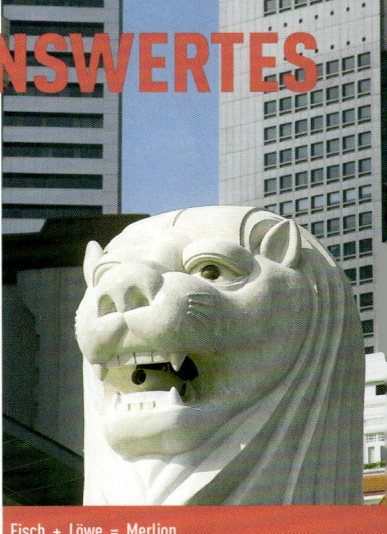

ga-Club *Avalon.* Im ersten Dauer-musical Singapurs wird seit Oktober 2010 der „König der Löwen" aufge-führt. Auf einer Museumsinsel, die einer überdimensionalen Lotusblüte nachempfunden ist, hält ein *Art Science Museum* Einzug. Ein zweiter botanischer Garten entsteht entlang des 10 000 ha großen Bassins, das mit dem begehbaren Stauwehr *Marina Barrage,* das einen schönen Ausblick auf das offene Meer bietet, geschlossen wird. Dort widmet sich eine Ausstellung dem „nachhaltigen Singapur" *(8 Marina Gardens Drive | Mo und Mi–Fr 9–18, Sa/So 10–20 Uhr | MRT NS 27 Marina Bay, von dort Shuttle Bus | Tel. 65 14 59 59 | www.pub.gov.sg/marina).* Gegenüber liegt der riesige Golfplatz *Marina Bay Golf Course.* Eine Brücke führt zum Riesenrad auf der anderen Seite des Flusses. Der *Singapore Flyer* dreht sich – so langsam, dass Sie es von außen kaum bemerken – Tag und Nacht. Die Fahrt dauert etwa 40 Minuten *(30 Raffles Avenue | MRT CC 4 Promenade, NS 25/EW 13 City Hall, dann Bus 106, 111, 133 oder Shuttle Bus 10 bis 23 Uhr jede halbe Stunde | 29,50 S$ | www.singapore flyer.com.sg).*

13 MERLION PARK [125 E3]

Singa Pura taufte Prinz Nila Utama gegen Ende des 13. Jhs. das von ihm entdeckte Fleckchen Erde. Namensgeber ist der Legende nach ein Fabelwesen, das der Prinz im dichten Regenwald erspäht haben will: halb Fisch, halb Löwe. In Singapur ist dieses Wesen als *Merlion* zum Wahrzeichen geworden. Bis vor kurzem thronte das Wappentier vor dem Ful-

lerton Hotel, an der Einmündung des Flusses. Nach der Landgewinnung musste die 8,6 m große Statue umziehen. Nun schaut sie am Ende des One-Fullerton-Piers wieder übers Meer. Zu schön ist das Fotomotiv, wenn der Fischlöwe vor Singapurs Wolkenkratzern ins Wasser speit. *MRT EW 14, NS 26 Raffles Place*

14 NATIONAL LIBRARY [121 D6]

Der Neubau der Nationalbibliothek ist weit mehr als nur ein Turm der Bücher. Mit 1,9 Mio. Menschen ist ein großer Teil der Singapurer Mitglied der Bücherei. Rund 3 Mio. Bücher in Chinesisch, Malay, Tamil und Englisch werden hier vorgehalten. Interessant aber sind nicht nur das Gebäude und ein Ausblick von den oberen Geschossen auf die Stadt, sondern auch die vielfältigen Veranstaltungen, die hier geboten werden. *Tgl. 10–21 Uhr außer feiertags | 100 Victoria Street | MRT EW 12 Bugis, dann Bus 851, 960 | Tel. 63 32 32 55 | www.nlb.gov.sg*

15 NATIONAL MUSEUM OF SINGAPORE ⭐ [120 C6]

Singapurs größtes Museum wurde Ende 2006 nach einer umfassenden Renovierung wieder eröffnet. Hinter seiner imposant-kolonialen Fassade zeigt das älteste Museum der Stadt – 120 Jahre ist es alt – nun auf fast 20 000 m² in hochmodernen Räumen sowohl Wanderausstellungen internationalen Formats als auch Rückblicke auf die Singapurer Geschichte – etwa über Mode oder Essen im Stadtstaat. Architektonischer Höhepunkt ist die Glaskuppel mit einem Durchmesser von 24 m, die nachts erleuchtet wird. Eine Glaspassage verbindet den Altmit dem Neubau. Das Audiosystem *Walk-the-talk* führt per Kopfhörer durch das Gebäude. Die Wiedereröffnung des Hauses war der noch fehlende Mosaikstein in der Neugestaltung des Stadtkerns. Nun bilden das Singapore Art Museum, die Sin-

gapore Management University, das National Museum und der dahinter liegende Fort Canning Park ein Ensemble. *Tgl. 10–18 Uhr | Eintritt 10 S\$ | 93 Stamford Road | MRT CC 2 Bras Basah, NS 24, NE 6, CC 1 Dhoby Ghaut | Tel. 63 32 56 42* www.nationalmuseum.sg

16 THE OLD PARLIAMENT (THE ARTS HOUSE) ▶▶ [125 D2]

Das weiße Gebäude im Herzen der Stadt am Singapore River blickt auf eine wechselvolle Geschichte zurück: 1829 vom irischen Architekten George Coleman als Kaufmannshaus gebaut, wurde es zum Gericht umgewidmet. Dann zog das Parlament ein. Auch als Symbol für den angestrebten Wandel Singapurs zur Kunstmetropole ist es zu verstehen, dass das ehemalige Old Parliament House 2004 in The Arts House umgetauft und als Galerie und Veranstaltungs-

▶ FREILUFTKUNST
Riesenvögel, Pinselstriche und Wohlstandsbrunnen

Salvador Dalí, Henry Moore, Roy Lichtenstein und Fernando Botero sind die international wohl bekanntesten Künstler, deren Werke in Singapur unter freiem Himmel zu finden sind. Dazu kommen Dutzende Skulpturen asiatischer Bildhauer, die in der Stadt aufgestellt wurden. Dalís *Hommage to Newton* und Boteros *Bird* lassen sich leicht beim Bummel entlang des Singapur-Flusses erspähen, der gewaltige Vogel Boteros hockt imposant am Quay. Dort finden sich auch Bronzefiguren, die das alte und neue Leben in der Stadt widerspiegeln. Roy Lichtensteins gigan-

tische Pinselstriche *Six Brushstrokes* bereichern ein Hochhaus im Geschäftsviertel Suntec City. Dort lockt auch die *Fountain of Wealth*, angeblich der größte Brunnen der Welt, den Calvin Tsao und Zack Mckown geschaffen haben. Vor allem Werke asiatischer Künstler sind im neuen Geschäftsviertel Vivo City am Hafen zu entdecken: Das Zentrum übernahm einige Skulpturen, die in Singapur während der ersten Biennale der Stadt im Jahr 2006 zu sehen waren. Ein Faltblatt des Tourismusbüros empfiehlt Kunstspaziergänge.

Außen ehrwürdig, innen hochmodern und beleuchtet nochmal so schön: Nationalmuseum

zentrum mit Restaurant wieder eröffnet wurde. Zuvor war das Parlament des Stadtstaats einige Hundert Meter weiter den Fluss hinauf in einen Neubau umgezogen. *Parliament Lane Ecke High Street | MRT EW 13, NS 25 City Hall | www. theartshouse.com.sg*

17 ORCHARD ROAD ⭐ **[119 D–F 4–5]**
Singapurs „Champs-Élysées" lässt keine Wünsche mehr offen: Die Einkaufsmeile Orchard Road bietet alles, was die Welt zu bieten hat. Zum Shoppingparadies zählen auch die *Tanglin Road,* in die die Orchard Road übergeht, und die die Haupteinkaufsstraße kreuzende *Scotts Road.* Im *Tanglin Shopping Centre,* der zweitältesten Einkaufsmeile der Stadt, sitzen einige teure Antiquitätengalerien. Glanzstück der Orchard Road ist das neue ION, an der Kreuzung zur Scotts Road. 335 Geschäfte drängen sich hier auf gut 59000 m². Kunden haben die Wahl zwischen Adidas und Yves Saint-Laurent, zwischen italienischem Milcheis und Ice Kachang – gefrorenem Wasser mit Sirup. Bei den Singapurern besonders beliebt ist das *313@Somerset,* das auf acht Stockwerken Geschäfte wie Zara oder HMV bietet. Hinzu kommen hervorragende *Food Courts,* etwa im Dachgeschoss. Vielfalt bietet auch *Ngee Ann City* mit dem japanischen Kaufhaus *Takashimaya.* Auf der Verkaufsfläche im Keller gibt es immer wieder wechselnde Schnäppchenmärkte, etwa für Spielzeug oder Sportartikel. Im gegenüberliegenden *The Paragon* finden Sie eher elegante Mode, wie etwa von Banana Republic oder das japanische Muji. Magnet für junge Leute ist das szenige *The Cathay* am unteren Ende der Orchard Road. Hier ist auch *Grammophone* ansässig, der billigste CD-Laden der Stadt. Die großen Malls haben jeden Samstag bis 23 Uhr geöffnet. *MRT NS 22 Orchard*

18 RAFFLES HOTEL ⭐ **[121 D6]**
Die „Große Alte Dame des Ostens" ist dem Jungbrunnen entstiegen, die

Legende lebendig wie nie zuvor. Sie begann, als 1887 drei armenische Brüder namens Sarkies einen Bungalow direkt an der Strandpromenade mieteten und zu einem Hotel umwandelten. Die Sarkies, die ihre Herberge nach Sir Stamford Raffles benannten, bauten um und an, bis das Raffles zum ersten Haus am Platz wurde. Kaiser, Könige und Präsidenten, Regierungschefs und Stars wohnten im

>LOW BUDGET

> Kulturhunger lässt sich preiswert freitagabends stillen: Von 19 bis 21 Uhr verlangen die großen Museen nur den halben Preis.

> Für einen kostenlosen Blick auf die Stadt fahren Sie mit Aufzug oder Rolltreppe bis zur Dachterrasse des Einkaufszentrums *313@Somerset* [119 F5]. Dort gibt es einige Restaurants. Sie können aber auch Höhenluft schnuppern, ohne zu essen. *MRT NS 23 Somerset*

> Romantischer schaut es sich von der Dachterrasse des Konzerthauses *Esplanade* [125 E2]. Wo Singapurs Teenager flirten, genießen Sie, wenn nach 19 Uhr die Sonne untergeht, einen der schönsten Blicke der Stadt. *MRT EW 14, NS 26 Raffles Place, NS 25, EW 13 Cityhall*

> Die Tageszeitung „The Straits Times" bietet am Freitags und Samstags eine Fülle von Anzeigen mit Sonderangeboten. Beliebt sind die Fabrikverkäufe für Kleidung, aber auch Souvenirs und Elektrowaren, meist in Industriegebieten vor der Stadt. Mit MRT oder Taxi sind sie einfach zu erreichen.

Raffles, in der Writers Bar trafen sich Schriftsteller und Journalisten aus aller Welt, schlürften den dort erfundenen *Singapore Sling*, einen Cocktail auf Ginbasis mit exotischen Säften und gewaltiger Wirkung. Doch dann unterbrach der Zweite Weltkrieg die Karriere des Hotels, das zu einem Quartier für die japanischen Besatzer wurde. Nach Kriegsende konnte das Raffles noch einmal an glanzvolle Zeiten anknüpfen, aber in den 1980er-Jahren lebte es nur noch von seinem alten Ruf. Doch anstatt es abzureißen, sanierte Singapur sein Prachtstück. In strahlendem Weiß stellte sich 1991 das neue, alte Haus den Gästen vor.

Schreiten Sie über den Kies der Auffahrt zum kunstvoll geschmiedeten Eisenportikus, werfen Sie einen Blick in die riesige Hotelhalle, schauen Sie in der Writers Bar nach Spuren von Somerset Maugham, Hermann Hesse oder Noel Coward. Der Allgemeinheit zugänglich sind auch die hübschen Innenhöfe, der tropische Garten, sechs Restaurants, mehrere Dutzend hochklassiger Geschäfte, ein Theater und ein Ballsaal.

Wo die Banken in den Himmel wachsen: Finanzzentrum Raffles Place

Ein Kleinod ist das **Raffles Museum.** Hier finden sich all die Andenken an Schriftsteller und illustre Gäste, die einst in Asiens schönstem Hotel abstiegen. Über Jahre bemühte sich das das Hotel, Erinnerungsstücke aus der ganzen Welt zusammenzutragen *(tgl. 10–19 Uhr | Eintritt frei). Im Hotel sind Sandalen, Shorts und Hemdchen unerwünscht, nach 22 Uhr Zutritt nur für Hotelgäste | 1 Beach Road | MRT CC 2 Bras Bazah*

19 RAFFLES PLACE [125 D3]

Das Herz der Finanzmetropole Singapur schlägt rund um den Raffles Place. Das Kernstück des Central Business District ist umringt von den Hochhaustürmen der Banken. Wer den Ausgang B der U-Bahnstation wählt, entdeckt zu seiner Linken das Caltex House. Weiter links liegt die im Stil der klassischen Moderne erbaute Bank of China. Heute wirkt sie mit ihren gerade mal 18 Stockwerken klein – die riesige Maybank rechts daneben scheint sie zu erdrücken. Neben der ausladenden Standard Chartered Bank ist die United Overseas Bank zu sehen. Ihre beiden Türme erinnern an aufeinander gestapelte Münzen. Hier, mitten im Finanzzentrum, hat auch die Deutsche Botschaft ihren Sitz: Ihre Büros liegen im zwölften Stock des Singapore Landtower. *MRT EW 14, NS 26 Raffles Place*

20 SINGAPORE ART MUSEUM [120 C6]

Das Haus der früheren St Joseph's Institution – der ersten katholischen Schule Singapurs – ist aufwendig renoviert worden und dient als Nationalgalerie. 5500 Exponate umfasst die permanente Sammlung, die den Schwerpunkt auf zeitgenössische Kunst aus Südostasien legt. *Tgl. 10–19, Fr bis 21 Uhr | Eintritt 3 S$, Fr ab 18 Uhr Eintritt frei | 71 Bras Bazah Road | MRT CC 2 Bras Bazah*

21 SINGAPORE MANAGEMENT UNIVERSITY [120 C6]

Dieser Bau ist keine Universität, sondern ein Bekenntnis – ein Bekenntnis der Stadt zu ihrer selbst gewählten Zukunft als Wissenschaftsstandort. Immerhin entstand der Bau der SMU genau im Stadtkern, zwischen historischen Gebäuden. Die

dritte Universität der Fünf-Millionen-Stadt ist streng nach amerikanischen Vorbildern ausgerichtet und zieht Studenten aus der ganzen Welt an. Wer etwas vom jungen Singapur und seinem Lerneifer mitbekommen will, sollte sich ohne Scheu einmal auf den offenen Campus wagen oder die Passagen im Tiefgeschoss besuchen. *81 Victoria Street | MRT CC 2 Bras Bazah | www.smu.edu.sg*

Insider Tipp

22 SRI KRISHNAN TEMPLE [121 D5]

Der jüngst renovierte hinduistische Tempel bezaubert durch seine Farbigkeit. Zeremonien werden im Alltagstrubel abgehalten, nicht selten spielt Musik auf. Die verschiedenen Götter, meist Shiva, Vishnu und Brahma, dargestellt in Vergangenheit, Gegenwart und Zukunft, sind mit frischen Blumen geschmückt. Kurios ist, dass viele Buddhisten aus dem benachbarten *Kwan Im Tong Hood Che Temple* vorbeischauen und auch den Hindu-

Göttern einen Besuch abstatten. *152 Waterloo Street | MRT EW 12 Bugis*

23 ST ANDREW'S CATHEDRAL [125 D1]

Die anglikanische Kirche wurde 1862 von indischen Sträflingen im neugotischen Stil erbaut. Das auffallende Weiß der Fassade und des Turms beruht auf einer einzigartigen Mischung namens *Madras Churam*, die für den Verputz verwendet wurde: Muscheln, Eiweiß und Kokosnussfasern wurden eingerührt. *St Andrew's Road | MRT EW 13, NS 25 City Hall*

24 SUPREME COURT UND CITY HALL [125 D2]

Hier treffen das koloniale Singapur und das Singapur des 21. Jhs. aufeinander: Der 1939 auf dem Gelände des früheren Grand Hôtel de L'Europe fertig gestellte Gerichtshof (Supreme Court) grenzt an den Neubau des Architekten Norman Foster, der auch die Kuppel des Berliner Reichstags

Indische Sträflinge mussten den Briten ihre anglikanische St Andrew's Cathedral bauen

Nehmen Sie sich Zeit für die geheimnisvollen Seiten Chinatowns

entworfen hat. Symbolträchtig hat das Berufungsgericht – Singapurs höchste juristische Instanz – seinen Sitz direkt unter dem Dach bezogen.

Gleich nebenan liegt das 1929 erbaute Rathaus, vor dem die Japaner 1945 Lord Mountbatten die Kapitulation erklärten. Es wird zum Museum umgebaut. *St Andrew's Road | MRT EW 13, NS 25 City Hall*

CHINATOWN & SINGAPORE RIVER

> Wer Chinatown als reine Touristenattraktion wahrnimmt, verpasst seine geheimnisvollen Seiten. Nehmen Sie sich Zeit, die versteckten Gassen des Viertels entlang zu spazieren, statt nur die überlaufene Fußgängerzone auf und ab zu gehen. Besuchen Sie die Tempel, die hier übrigens keineswegs nur chinesischen Ursprungs sind.

Besonders schön ist dieses Stadtviertel zu Chinese New Year, das im Januar oder Februar gefeiert wird. Wochen vorher verwandelt sich der ganze Stadtteil in einen Markt der fliegenden Händler, überall leuchten am Abend die roten Laternen. Hier können Sie gut essen, wenn auch nicht immer zu angemessenen Preisen. Chinatown ist auch der Ort, um Reiseandenken zu kaufen. Wollen Sie sich Tee bei einem chinesischen Händler abwiegen lassen oder die Gerüche getrockneter Seepferdchen und Eidechsen in einer traditionellen Apotheke schnuppern, sind Sie hier richtig. In Chinatown finden Sie interessante Museen über die Geschichte des Viertels und die Zukunft der Stadt. In Bars rund um die Clubstreet wird nach Einbruch der Dunkelheit manche Flasche Champagner entkorkt. Mögen Sie es legerer, schlendern Sie hinüber zum Singapore River. Auf der einen Seite bietet er abends Romantik im Schatten alter Bäume vor den wunderschön restaurierten Kolonialbauten. Auf der anderen Seite und entlang des Oberlaufs des Flusses sind die besten Kneipen

und Bars der Stadt versammelt. Hier, am Clarke Quay, tobt das Nachtleben, hier ist es laut und lustig, hier will man sehen und gesehen werden.

■1 BUDDHA TOOTH
RELIC TEMPLE [124 C4]

In Chinatown gibt es viele alte Tempel – und einen ganz neuen: Mitten im Zentrum entstand der Tempel für den Zahn Buddhas, dessen Architektur die Struktur des Mandala, Sinnbild des buddhistischen Universums, aufnimmt. Doch gleich nach der Einweihung 2007 stellte sich heraus, dass der Zahn wohl eher von einer Kuh stammt. Dabei spendeten Singapurs Bürger mehr als 40 Mio. Dollar und gut 200 kg Gold für den Bau des Tempels. *45 Maxwell Road | MRT EW 15 Tanjong Pagar | www.btrts.org.sg*

■2 CHINATOWN ★ [124 B–C 3–5]

Chinatown ist der Ort, an dem Singapur als Handelsplatz seinen Anfang nahm. Die Regierung hat 50 Mio.

Euro investiert, um die vom Abriss verschonten Häuser zu restaurieren Ein Besuch der Straßen zwischen Pickering Street/Church Street im Norden, Telok Ayer Street/Anson Road im Osten, Cantonment Road im Süden und New Bridge Road im Westen lohnt sich – zum einen wegen der erhaltenen Architektur, v. a. aber wegen der typischen Geschäfte und ihrer Besitzer. Die originalen Häuser Chinatowns erinnern an den Luxus einstiger Kaufleute und die Macht der chinesischen Clans. In der Architektur vermischen sich chinesische Elemente mit dorischen und korinthischen Säulen, Italien trug Klassizistisches bei – und was dabei herausgekommen ist, nennt man „chinesische Barock". *MRT NE 4 Chinatown*

■3 CHINATOWN
HERITAGE CENTRE [124 □]

Im Zug der Aktivitäten, Chinatown zum Touristenzentrum zu machen, entstand in drei renovierten Shop-

Im Chinatown Heritage Centre kommen Sie den frühen chinesischen Einwanderern ganz nah

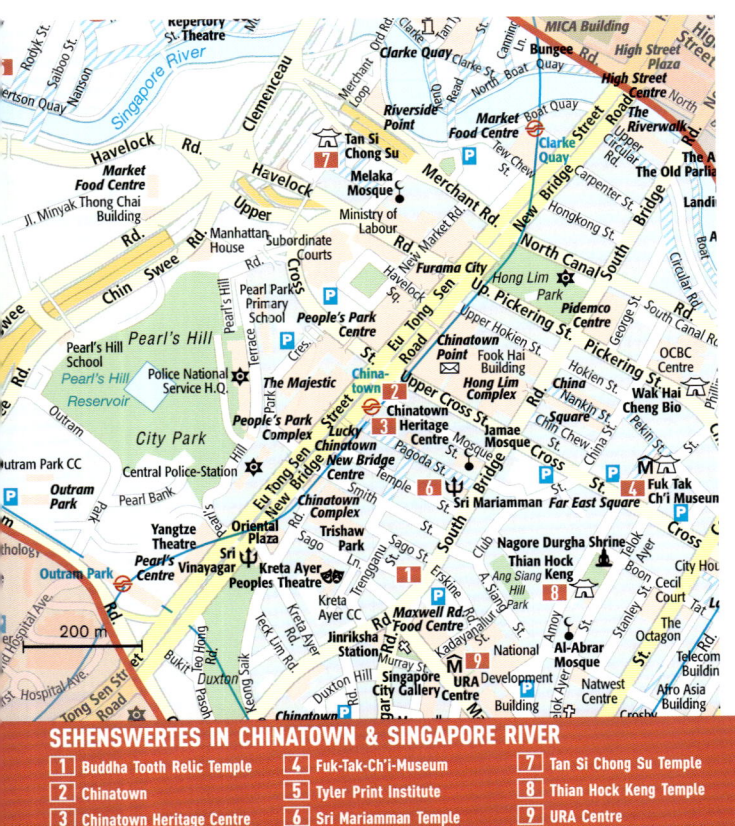

SEHENSWERTES IN CHINATOWN & SINGAPORE RIVER

1 Buddha Tooth Relic Temple
2 Chinatown
3 Chinatown Heritage Centre
4 Fuk-Tak-Ch'i-Museum
5 Tyler Print Institute
6 Sri Mariamman Temple
7 Tan Si Chong Su Temple
8 Thian Hock Keng Temple
9 URA Centre

houses das Chinatown Heritage Centre. Am Beispiel einzelner Schicksale wird das Leben der Einwanderer dargestellt. Im Ringen um Authentizität hat man frühere Bewohner Chinatowns bemüht, ihre persönlichen Geschichten zu erzählen. Per Videoeinspielungen flimmern die Gesichter der Befragten an den Wänden des Museums. Alte Reisekisten geben einen Eindruck davon, wie armselig die ersten Singapurer damals ausgerüstet waren.

Beim Rundgang, der über drei Etagen führt, werden Gewohnheiten, Riten und Feste der Chinesen, die auch in der Fremde ihre Traditionen beibehielten, anschaulich erklärt. Zu den beeindruckendsten Elementen der Ausstellung gehören die Nachbauten der kleinen Zimmerchen, in denen die Bewohner Chinatowns

hausten. Sie geben einen erstaunlichen Eindruck vom Alltag in den Shophouses, von einem Leben, das durch Armut, Enge und Verzicht auf persönlichen Freiraum geprägt war. Ein nettes Café ist dem Zentrum angegliedert. *Tgl. 9–20 Uhr | Eintritt 10 S$ | 48 Pagoda Street | MRT NE 4 Chinatown | www.chinatownheritage center.sg*

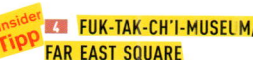

4 FUK-TAK-CH'I-MUSEUM/ FAR EAST SQUARE [124 C4]

In Singapurs ältestem Tempel Fuk Tak Ch'i wurde 1998 ein kleines Museum eröffnet, das einen Einblick in das Alltagsleben der ersten chinesischen Einwanderer in Singapur gibt. Das Museum ist Teil des Far East Square, eines ehemaligen Wohnviertels zwischen Telok Ayer, Pekin, China und Cross Street. Ein Teil des Viertels wurde Ende der 1990er-Jahre restauriert und mit einem Glasdach überzogen. Sie können in klimatisierten Gassen bummeln und sich die traditionellen Shophouses ansehen, in Restaurants oder Cafés einkehren, Souvenirs kaufen. In einem Pavillon an der Stelle, wo früher chinesische Straßenopern aufgeführt wurden, finden heute Kulturveranstaltungen statt. *Tgl. 10–22 Uhr Eintritt frei | 43 Pekin Street | MRT NE 4 Chinatown*

5 SINGAPORE TYLER PRINT INSTITUTE [124 A2]

Gedacht als Sinnbild für das neue, kunstinteressierte Singapur hat die Stadt mit großem Aufwand einen Ableger der berühmten New Yorker Druckwerkstatt auf die Tropeninsel geholt. Angestoßen durch den amerikanischen Meisterdrucker Kenneth Tyler, zeigt das Institut heute in einer eigenen Galerie moderne Druckgrafik, bietet daneben aber auch Workshops für Arbeiten mit Papier an und besitzt eine eigene Papiermühle. So will es den ganzen Prozess vom Schöpfen des Papiers über die Zusammenarbeit mit Künstlern und dem Druck bis zum Verkauf der Grafiken

Sri Mariamman Temple – ein Hinduheiligtum mitten in Chinatown? Ganz normal in Singapur!

vorführen. Außerdem gibt das Singapapore Tyler Print Institute eine eigene STPI-Printedition heraus, darüber hinaus sind Gastkünstlern Ausstellungen gewidmet. STPI sitzt im Obergeschoss eines restaurierten Hafenspeichers aus dem 19. Jh. *Di–Sa 10–18 Uhr | Eintritt frei | 41 Robertson Quay | Bus 32, 54, 64, 123, 143, 195 oder MRT NE 5 Clarke Quay, dann Bus 54 | www.stpi.com.sg*

6 SRI MARIAMMAN TEMPLE ⭐ [124 C4]

Das Hinduheiligtum wurde 1827 gegründet. Der jetzige Steinbau ersetzte 1843 einen Holztempel. Seither wurden immer wieder Erweiterungen und Ausschmückungen vorgenommen. Der Tempel quillt förmlich über von Schnitzereien und Skulpturen. Allein das *Gopuram*, das Eingangstor, ist eine lange Bildergeschichte für sich. Fast täglich werden hier Hochzeiten gefeiert, abends erklingt traditionelle Musik, und zum Thimithifest findet im Innenhof der Feuerlauf statt. *244*

South Bridge Road | MRT EW 15 Tanjong Pagar, MRT NE 4 Chinatown

7 TAN SI CHONG SU TEMPLE [124 B2]

Nach Überzeugung von Singapurs Chinesen erfreut sich dieses 1876 fertig gestellte Heiligtum, das auf den Singapore River blickt, des besten *Fengshui* der Stadt. Gebete werden in diesem Tempel daher angeblich besser erhört als irgendwo sonst am Ort. Deshalb sind hier frühmorgens und abends, während der Hauptgebetszeiten, besonders viele Gläubige anzutreffen, und es gibt eine Vielzahl von Ritualen zu erleben, darunter taoistische Liturgie und das Werfen von Orakelhölzchen. *15 Magazine Road | MRT NE 4 Chinatown, dann Bus 51*

8 THIAN HOCK KENG TEMPLE ⭐ [124 C4]

Im Jahr 1842 ließen chinesische Seeleute den Tempel an der damaligen Uferstraße errichten und weihten ihn ihrer Schutzpatronin Mazu. (Heute mag man kaum glauben, dass die Göttin damals noch direkt aufs Meer schaute.) Verwendet wurde Material aus aller Welt: Die Statue der Göttin kommt aus China, die schmiedeeisernen Geländer aus Schottland, die Kacheln aus England und Holland. Dach, Wände und Säulen sind mit Schnitzereien dekoriert. Gläubige entzünden vor den Altären Räucherstäbchen und verbrennen Papier, auf dem Gebete und Gelübde stehen. Die Wahrsager allerdings arbeiten mit Computern. *158 Telok Ayer Street | MRT NS 26, EW 14 Raffles Place*

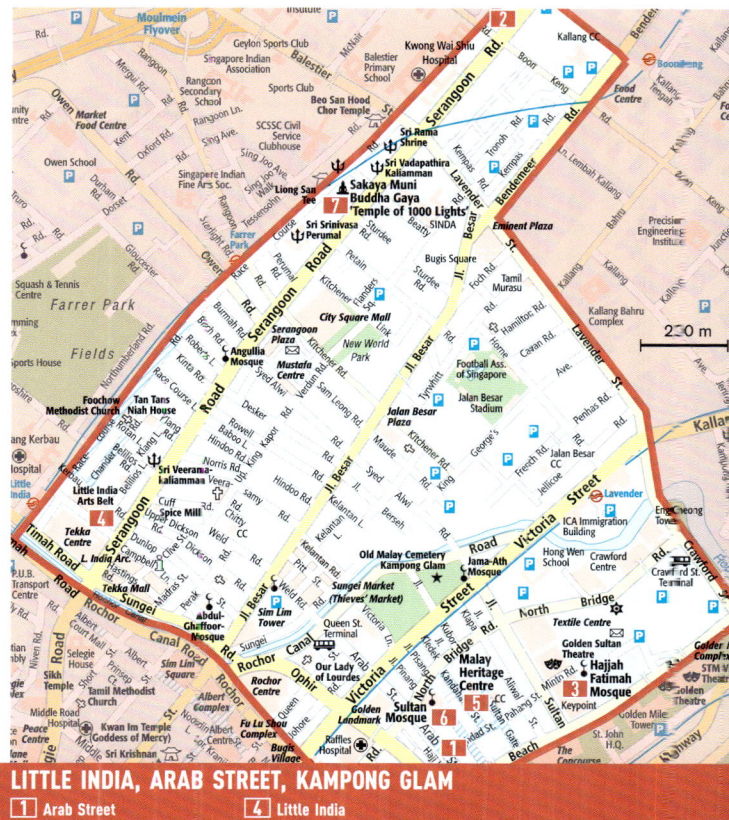

LITTLE INDIA, ARAB STREET, KAMPONG GLAM

1 Arab Street
2 Central Sikh Temple
3 Hajjah Fatimah Mosque
4 Little India
5 Malay Heritage Centre
6 Sultan Mosque

Insider Tipp

9 SINGAPORE CITY GALLERY (URA) [124 C4]

Wer sich für Stadtplanung und -architektur Singapurs interessiert, ist hier richtig: Die zweistöckige Galerie im Gebäude des Stadtplanungsamtes (URA, Urban Redevelopment Authority) in Chinatown zeigt themenbezogene Ausstellungen, etwa über die Restaurierung Little Indias, und besitzt zwei riesige Modelle der Stadt mit Plänen über den Ausbau der kommenden Dekaden. Interaktive Bildschirme und 3-D-Animationen visualisieren das neue Singapur. *Mo–Fr 9–17 Uhr | Eintritt frei | 45 Maxwell Road | MRT EW 15 Tanjong Pagar*

LITTLE INDIA, ARAB STREET, KAMPONG GLAM

> **Das indische Viertel und seine Seitenstraßen sind Singapurs farbenfrohestes Einkaufsparadies.** In Little India bekommen Sie alles, was es auch auf dem Subkontinent gibt – allerdings ohne die dortigen Reiserisiken. Die Stoffhändler von der Arab Street bieten Ihnen chinesischen Brokat und thailändische Seiden, die Batiken Indonesiens oder Malaysias, nur den Preis müssen Sie noch selber aushandeln. Im umliegenden Kampong Glam, dem Viertel der Muslime, können Sie Parfümöle kaufen oder die prachtvollen Krummdolche, die

bis heute für Zeremonien genutzt werden.

Das Viertel ist geprägt von der Sultansmoschee mit ihrem goldenen Dach. Direkt daneben finden Sie nicht nur die besten muslimischen Restaurants der Stadt, sondern auch das Malay Heritage Centre in einem restaurierten Sultanspalast. Beachten Sie, dass die Geschäfte hier nicht nur sonntags, sondern auch ab freitagmittags geschlossen sind. Im Fastenmonat Ramadan öffnen nach Einbruch der Dunkelheit Straßenrestaurants, vor deren Köstlichkeiten sich lange Schlangen bilden.

■ ARAB STREET   [121 E4–5]

Die Araber gehörten zu den ersten Handelspartnern des alten Singapura. Die nach ihnen benannte Straße wur-

Im bunten Little India shoppen sie alle: Muslime, Hindus, Buddhisten, Christen, Touristen ...

de zum Synonym für das malaiische Stadtviertel, das unübersehbar islamisch geprägt ist. Die goldene Kuppel der *Sultansmoschee* beherrscht das Gebiet zwischen Jalan Sultan und Rochor Road im Norden und Süden, zwischen Jalan Besar und Beach Road im Westen und Osten. Die Läden in den kleinen Straßen sind voll gestopft mit Leder- und Korbwaren, Parfümöl, Messingtöpfen, Batik und Seide. Wenn Sie mit den Stoffhändlern der Arab Street handeln, sollten Sie schon 10 Prozent Rabatt herausholen können. Nachdem es aufgrund hoher Mietpreise zu langen Leerständen gekommen war, ist das Viertel, das auch *Kampong Glam* heißt, nun wieder belebt. Interessant ist das Ende 2004 eröffnete *Malay Heritage Centre*. Der ehemalige Sultanspalast ist dem malaiischen Kulturerbe gewidmet. Besucher dürfen auch selber töpfern, der Angklung Töne entlocken und Batik drucken. *85 Sultan Gate | Auskunft z. Vorführungen Tel. 63 91 04 50 | MRT EW 12 Bugis, dann Bus 2, 7, 32*

> SPORTSCHAU

East meets West: Drachenboote, Kricket und Formel 1

Es stimmt. Natürlich ist Singapur aufgrund seiner durchgehend hohen Temperaturen nicht unbedingt der am besten geeignete Platz für Sport. Und doch baut die Stadt mit großen Fördermitteln eine Sportszene auf, stellt sie Medaillenträger etwa im Segeln und Schwimmen, Tischtennis, Badminton und in Kampfsportarten. Bleibender Höhepunkt der Sportgeschichte Singapurs sind die Olympischen Jugendspiele im August 2010. Das alljährliche Nachtrennen der Formel 1 durch das Kolonialviertel bringt die Bilder der Stadt Milliarden Menschen ins Wohnzimmer. Wer sich für Sport in Singapur interessiert, findet auf der Website des *Singapore Sports Council (www.ssc.gov.sg)* aktuelle Termine. Und wer wetten will, ist beim Pferderennen richtig *(www.turf club.com.sg)*. Der zentrale Sportplatz im Stadtzentrum ist der Padang. Auf dem alten Kricketplatz spielt bis heute der *Singapore Cricket Club (www.scc.org. sg)*, genauso wie hier auch die Rugby-teams kämpfen *(www.sccrugby sebens.com)*. Wer Wassersport mag, der kann sich neben Segelregatten in den windreichen Wintermonaten das ganze Jahr über Drachenbootrennen *(www. sdba.org.sg)* oder Wellenreiten *(www. wakeboard.com)* anschauen. Der Flair Asiens ist morgens schon ab 6.30 Uhr im Botanischen Garten der Stadt zu spüren: Hier üben Tag für Tag Hunderte von Singapurern die Figuren des Schattenboxens *Tai Chi (Botanic Gardens | tgl. 5–24 Uhr | Eintritt frei | Cluny Road, Eingang Ecke Holland Road | Bus 7, 77, 105, 106, 123, 174 ab MRT NS 22 Orchard)*. Wer aber auch im Asienurlaub nicht ohne Fußball sein kann, der besucht die Spiele der *Soccer League (www.sleague.com)*. Skateparks befinden sich in der Innenstadt *(MRT NS 23 Somerset)* und an der Eastcoast *(Bus 36 von Orchard Road)*. Alle Parks und Infos zu Aktivitäten in der Natur listet die Website *www.nparks.gov. sg* auf.

2 CENTRAL SIKH TEMPLE [121 E1]

Prachtvoller Bau, der 1986 zum 518. Geburtstag des Begründers der Sikh-Religion, Guru Nanak, eröffnet wurde und im selben Jahr Singapurs Architekturpreis erhielt. In dem Heiligtum wird das *Granth Sahib,* das heilige Buch der Sikhs, verwahrt. 15 000 Mitglieder der indischen Religionsgruppe leben heute in Singapur. *2 Towner Road | MRT NE 9 Boon Keng*

erfolgreich weiterführte, dass sie 1846 den Bau der Moschee finanzieren konnte. *4001 Beach Road | MRT EW 11 Lavender, dann Bus 100, 961, 980*

4 LITTLE INDIA ★ [120–121 C–E 2–4]

Auf beiden Seiten der Serangoon Road, im Norden bis zur Lavender Street, im Osten an das malaiische Viertel grenzend, sind unübersehbar

In der Arab Street können Sie Seide kaufen und auch gleich nähen lassen

3 HAJJAH FATIMAH MOSQUE [121 F4–5]

Diese älteste Moschee in Singapur ist architektonisch schöner als die größere Sultansmoschee. Sie wurde nach einer in Malakka geborenen Malaiin benannt, die einen reichen Sultan heiratete und nach dessen Tod sein Schifffahrts- und Handelshaus so

Inder in der Mehrzahl – Frauen im Sari, Männer mit Turbanen oder in den typischen Beinkleidern Lunghi und Dhoti. Sonntagabends ist das Gedränge am größten. Nicht nur indischstämmige Singapurer, auch Gastarbeiter aus Bangladesch, Sri Lanka und Südindien versammeln sich dann vor dem Serangoon Plaza

oder am Kali-Amman-Tempel. *MRT NE 7 Little India*

5 MALAY HERITAGE CENTRE [121 E4]

Neben der Moschee steht die frühere Istana, der Sultanspalast. Liebevoll restauriert, logiert hier heute das Malay Heritage Centre. Es will die Tradition des malaiischen Lebens in Singapur bewahren. Neben dem eigentlichen Museum bietet es auch Kulturprogramme und Kurse. An der Seite des kleinen Parks liegt das Gedung Kuning, das Gelbe Haus, das heute ein gutes malaiisches Restaurant beherbergt. *Mo 13–18, Di–So 10–18 Uhr | Eintritt 4 S$ | 85 Sultan Gate | Tel. 63 91 04 50 | MRT EW 12 Bugis | www.malayheritage.org.sg*

6 SULTAN MOSQUE [121 E5]

Das jetzige Gebäude, geistliches Zentrum der hiesigen Moslems, wurde erst im Jahr 1928 fertig gestellt und fällt durch seine riesige goldene Kuppel auf. Es besitzt die größte Gebetshalle der Stadt. *Während der Gebetsstunden kein Zutritt für Besucher | 3 Muscat Street | MRT EW 12 Bugis*

HARBOUR-FRONT

> **Der neue Hafenbezirk am Tor zur Freizeitinsel Sentosa entwickelt sich rasant.** Das Einkaufszentrum Vivo City zählt zu den schönsten der Stadt. Architekt Daniel Libeskind baute daneben ein Wohnviertel, dessen Türme sich scheinbar im Wind biegen. Sentosa lockt mit Stränden und dem ersten Kasino Singapurs, den Universal Studios und Dutzenden weiterer Attraktionen. Stadt und Insel verbindet eine Seilbahn vom Mount Faber.

1 MOUNT FABER

SCENIC PARK ☼ [126B–7]

Viele Besucher beginnen ihren Ausflug nach Sentosa vom Mount Faber

Die Sultansmoschee beeindruckt durch ihre schiere Größe

SEHENSWERTES

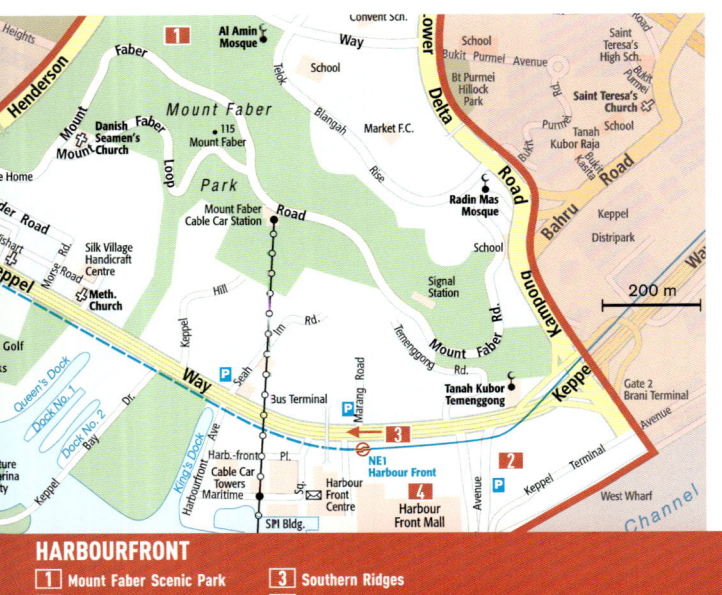

aus: Eine Seilbahn führt bis auf die Freizeitinsel. Doch auf Singapurs zweithöchstem Berg wird Ihnen noch einiges mehr geboten, als ein – gerade am Abend – wunderschöner Ausblick über die Stadt: In der *Jewel Box* fährt die Seilbahn ab, es gibt dort aber auch Restaurants und ein Souvenirgeschäft. *Die Bahn fährt täglich, genaue Zeiten und Preise lagen bei Redaktionsschluss wegen Renovierungsarbeiten nicht vor. Tickets: The Jewel Box, Harbour Front Centre, Harbour Front Tower 2, Sentosa Tour Desk | Hin und zuück 10,90 S$, Glasbodenkabine 15 S$, Dinner in der Gondel 18.30–20.30 Uhr ab 88 S$ pro Paar | MRT NE 1 Harbourfront | Tel. 63779688 | www.mountfaber.com.sg*

2 ST JAMES POWER STATION ▶▶ [127D2]

Das ehemalige Kohlekraftwerk von 1927 steht wieder unter Dampf. Statt es abzureißen, hat die Stadt den Backsteinbau am Hafen in ein Mekka für Clubhopper und Liebhaber von Livemusik verwandelt. Im *Peppermint Park* können Sie Ihren Drink unterm Tropenhimmel genießen, das *Mono* bietet Karaoke auf gehobenem Niveau. Kunden sind „Geschäftsleute, Manager und Angestellte". *3 Sentosa Gateway | MRT NE 1 CC 29 Harbourfront | www.stjamespowerstation.com*

3 SOUTHERN RIDGES [126 A–C1]

Einer der schönsten Wanderwege Singapurs führt über eine Strecke

von 9 km und drei Hügel. Spektakuläre Brücken wie die hölzernen *Henderson Waves* – die höchste Fußgängerbrücke Singapurs – und Stiegen auf Stelzen in Höhe der Baumwipfel machen ihn einzigartig. Der Weg beginnt im Hort Park und endet im Einkaufszentrum Vivo City, wo Sie nach getaner Arbeit ein Eis mit Seeblick genießen können. *MRT EW 20 Commonwealth, dann Bus 100 zum Hort Park | www.nparks.gov.sg*

Insider Tipp

4 VIVO CITY ⭐ 〜 [126 C2]

Der japanische Architekt Toyo Ito hat eine Einkaufsmeile mit Blick auf den Hafen gebaut, die eher an ein Raumschiff erinnert. Der weiße Bau ohne Ecken und Kanten beherbergt Filialen aller großer Ketten von Gap bis Zara. Eine Fülle guter Restaurants mit Aussicht auf die an- und abfahrenden Schiffe ergänzt Singapurs jüngstes Einkaufsparadies. Auch gibt es hier das modernste Kino der Stadt mit Liegesesseln. Ein riesiges Wasserbecken befindet sich auf dem Dach. *Tgl. 10–22 Uhr | Telok Blangah Road, Ecke Sentosa Gateway | MRT NE 1 CC 29 Harbourfront | www.vivocity. com.sg*

IN ANDEREN VIERTELN

GEYLANG SERAI [129 D3]

Schon lange vor Ankunft der Engländer und Chinesen siedelten hier Malaien. 1840 von den Engländern vertrieben, zogen sich auch die malaiischen Fischer aus dem Pfahldorf am Singapore River hierher zurück. Einige ihrer Nachfahren haben am East Coast Park noch ihre Boote liegen. Gegen ein geringes Entgelt nehmen sie Touristen auf Fangfahrt mit. Nach wie vor entfaltet sich in Geylang malaiisches Kulturleben, besonders rege an religiösen Feiertagen. Die Geschäfte führen spezifisch malaiische Produkte. Reiche

Beam me up, Scotty: Vivo City wirkt wie ein Raumschiff, das eben an Singapurs Hafen landete

Araber und Malaien errichteten in diesem Stadtteil ihre Prachtvillen, oft in wuchtigem Zuckerbäckerstil. Zu muslimischen Festtagen wie dem Hari Raya am Ende der Fastenzeit wird Geylang Serai mit üppigen Dekorationen herausgeputzt. *MRT EW 8 CC 9 Paya Lebar*

HOLLAND VILLAGE [128 C4]

Die heutigen Nachfahren der Siedler in Singapur, die Entsandten der Banken und Konzerne, lassen sich gern in der Nähe von Holland Village nieder. Hier leben sie nahe am Stadtzentrum, aber doch in grüner Umgebung. In diesem Stadtteil gibt es zahlreiche preiswerte Läden, die dem westlichen Geschmack gerecht werden, besonders in dem – von außen abweisend wirkenden – *Holland Village Shopping Centre*. Bei den indischen Zeitschriftenhändlern an den Straßenecken bekommen Sie internationale, auch deutschsprachige Zeitungen. Im gesamten Viertel gibt es zahlreiche gute – auch westliche – Restaurants, vor allem in der *Jalan Merah Saga.* Und wenn Sie wollen, können Sie an den Bars von Holland Village einiges über das wahre Leben in der Stadt erfahren und schnell Anschluss knüpfen. In das angrenzende Wohngebiet sind inzwischen eine ganze Reihe Künstler eingezogen. Das ==Atelier von Ketna Patel,== die weltweit gezeigte, wundervolle Collagen in leuchtenden Farben herstellt, können Sie besuchen *(33–35 Jalan Puteh Jeneh | nach Vereinbarung unter Tel. 64 79 37 36 | www.ketnapatel. com).* CC 21 Holland Village, Bus 7, 77, 106 ab MRT NS 22 Orchard/ Orchard Boulevard

Insider Tipp

TANGLIN VILLAGE (DEMPSEY HILL) ★ [118 A4]

Zwischen Holland Village und Innenstadt liegt ein weiterer Anziehungspunkt der Stadt, verborgen hinter hohen Tropenbäumen: Auf den ersten Blick mag das weitläufige Gelände von Tanglin Village nicht danach aussehen, aber die Entwicklungsbehörde Singapurs betrachtet das alte Militärgelände als Schlüsselprojekt. Einst eine Muskatnussplantage, baute ab 1860 das Militär auf dem Hügel vor den Toren der damaligen Stadt seine Baracken. In sie ist heute neues Leben eingezogen: Restaurants, Weinhandlungen, Antiquitätenhändler und Boutiquen. Wer sich auf den Hügel begibt, braucht ein wenig Zeit – aber er wird viele Entdeckungen machen. Dazu zählen Szenetreffs wie das *PS. Cafe*, aber auch Händler alter Buddhastatuen wie *Shang Antique.* Allein die Dichte der abends hier geparkten Ferraris, Maseratis und Porsches zeigt, dass Dempsey Hill, wie der Hügel genannt wird, der Hotspot von Singapurs Schickeria ist. Das Viertel lebt von seiner Weitläufigkeit, dem Charme der alten *Black-and-White-Häuser* und den Tropenbäumen. *Schräg gegenüber Botanic Gardens | MRT NS 22 Orchard/Orchard Boulevard, dann Bus 7, 77, 106, 123, 174*

AUSSERHALB

BOTANIC GARDENS ★ [118 A2–4]

Der Botanische Garten von Singapur ist ein tropisches Schmuckstück, nur wenige Gehminuten von der Einkaufsmeile Orchard Road entfernt. Auf dem riesigen Areal von 52 ha

Grün, tropisch, üppig und voller angenehmer Überraschungen: Botanic Gardens

wachsen mehr als 2000 verschiedene Pflanzenarten. Hier gibt es tropischen Primärregenwald ebenso wie gepflegte Rasenflächen, Wasserfälle, Seen, Farn- und Rosengärten. Weltberühmt ist der Orchideengarten mit seinen ganzjährig blühenden Sorten und mehr als 60 000 Pflanzen. Neue Abteilungen zeigen Kakteen, Gewürz- und Wassergewächse. Für Kinder ist nicht nur der große Spielplatz, sondern auch die nachgebildete Urlandschaft interessant. Neue Restaurants und Lehrgebäude wurden im Jahr 2006 eröffnet.

Der heutige botanische Garten war ursprünglich, ebenso wie ein Vorgänger, den Sir Stamford Raffles 1822 anlegen ließ, eine Versuchsanlage für wirtschaftlich nutzbare Gewächse. Raffles konzentrierte sich auf essbare Pflanzen und Gewürze, der Botaniker Henry Ridley begann Mitte des 19. Jhs. mit der versuchs-

weisen Anpflanzung von Kautschukbäumen, deren Samen aus ihrer Heimat Brasilien über London nach Singapur kamen. Zunächst als „mad Ridley" – verrückter Ridley – verspottet, begründete der Pionier die Gewinnung von Naturkautschuk als einen bedeutenden Wirtschaftszweig Südostasiens. *Tgl. 5–24 Uhr | Eintritt frei | Orchideengarten tgl. 8.30–19 Uhr | Eintritt 5 S$ | Jacob Ballas Children's Garden Di–So 8–19 Uhr | Eintritt frei | Bibliothek Mo–Fr 9–17, Sa/So 9–15 Uhr | Cluny Road | Eingang Ecke Holland Road | MRT NS 22 Orchard, dann Bus 7, 77, 106, 123, 174 ab Orchard Boulevard | www.sbg.org.sg*

CHINESE AND
JAPANESE GARDENS [128 B4]
Die Gärten sind durch eine Brücke miteinander verbunden. In beiden sind die Anlagen nach jeweils landes-

typischer Art gestaltet: Während die chinesischen Gartenbauarchitekten gewölbte Brücken, Pagoden, Innenhöfe und Brunnen in die Landschaftspflege einbeziehen, betonen ihre japanischen Kollegen die Einfachheit: Steinlaternen, kleine Büsche und sanfte Hügel bestimmen das Bild im „Garten der Ruhe". Zum chinesischen Teil gehört außerdem eine kleine, aber feine Bonsaiausstellung.

Während der langen MRT-Fahrt nach Jurong bekommen die Passagiere einen guten Eindruck vom Leben in den Satellitenstädten, denn meistens fährt die MRT oberhalb der Straßen. *Tgl. 6–19 Uhr | Eintritt frei*

| Bonsaigarten 5 S$ | MRT EW 25 Chinese Garden, dann fünf Minuten Fußweg

EAST COAST PARK ☀ [129 D4]

Der kilometerlange Park entlang der Ostküste ist eines der beliebtesten Ausflugsziele der Singapurer. Vermeiden Sie daher möglichst einen Besuch am Wochenende! Hier können Sie je nach Laune am Strand faulenzen, ein Fahrrad oder Rollerblades ausleihen, zelten, grillen oder einfach nur am Meer entlang spazieren gehen. Empfehlenswert ist ein Besuch in einem der zahlreichen Seafood-Restaurants. *Bus 16 bis Ma-*

> BLOGS & PODCASTS
Gute Tagebücher und Files im Internet

> *www.bloggerei.de* – Blogs und Podcasts zu Singapur sind in der Regel auf Englisch abgefasst. Wer im deutschen Sprachraum Blogs zu Singapur sucht, findet hier den Einstieg; bei „Stichwort" einfach „Singapur" eingeben.

> *www.bloggersg.com* – In dem Singapurer Generalverzeichnis sind die Meinungsäußerungen thematisch sortiert.

> *www.stomp.com.sg/Starblog* – Der Blog der regierungseigenen Tageszeitung *Straits Times* bietet weniger politische Inhalte als die neuen Modetrends, die besten Restaurants und Schönheitssalons.

> *http://xiaxue.blogspot.com/* – Wendy Cheng vermittelt in ihrem Tagebuch-Blog einen bleibenden Eindruck von Singapurs Partyszene.

> *http://tomorrow.sg/tag/singapore* – Kritisches zum Stadtstaat gibt es auf der Seite von *Tomorrow*

> *http://www.channelnewsasia.com/video* – Channel News Asia bietet tagesaktuelle Videos zu Singapur aus den Nachrichtensendungen.

> *http://www.podcast.sg/lush_speaks.asp* – Die ständig wechselnden Podcasts der verschiedenen Radiosender Singapurs lohnen sich.

> *www.aussiepete.com* – Dieser Blog gilt als einer der meistgelesenen unter der Expat-Community in Singapur.

> *http://forums.delphiforums.com/s-unkopitiam/messages* – Einer der politischeren Blogs, der die Debatten aufgreift

Für den Inhalt der Blogs & Podcasts übernimmt die MARCO POLO Redaktion keine Verantwortung.

rine Terrace, dann weiter durch eine Unterführung unter der ECP-Schnellstraße; Bus 36 vor Orchard Road oder MRT CC 9/EW 8 Paya Lebar, dann Bus 76

Gefiederte Vielfalt: Jurong Bird Park

JURONG BIRD PARK [128 B4]

In diesem größten Vogelpark Südostasiens sind über 600 Arten aus aller Welt mit zusammen mehr als 9000 Exemplaren vertreten, darunter die größte Sammlung südostasiatischer Nashornvögel und südamerikanischer Tukane sowie die zweitgrößte Pinguinschau in der Welt. Durch den Park verkehrt eine *Panorail* genannte Einschienenbahn. Das größte Aviarium überspannt eine Fläche von 2 ha mit Tropenwald und Wasserfall, künstlichen Regengüssen und Gewit-

tergrollen, die die bunten tropischen Vögel aufgeregt Schutz suchen lassen. In einem Amphitheater namens *Nature Theatrette* gibt es mehrmals täglich Dia- und Tonvorführungen sowie die *All Stars Birdshow,* in der abgerichtete Vögel erstaunliche Kunststücke vollbringen. *Tgl. 8.30 bis 18 Uhr | Eintritt 18 S$ | Panorail 9–17 Uhr (5 S$) | Frühstück mit den Vögeln 9.30 Uhr am Bobo Burgers | Kombiticket mit Zoo und Nightsafari möglich | 2 Jurong Hill | Tel. 62 65 00 22 | www.birdpark.com.sg | MRT EW 27 Boon Lay, weiter mit Bus 194 oder 251*

KLOSTER LIAN SHAN HUANG LIN [129 D4]

Die Klosteranlage von 1908 ist heute ein Nationaldenkmal. Denn sie besteht nicht nur aus den Tempeln, die an Geburt und Tod Buddhas erinnern, sondern auch aus dem daneben liegenden taoistischen Tempel Cheng Huang Miao. Er ist dem Stadtgott gewidmet. Das buddhistische Kloster wird beherrscht von der Pagode, deren Glocken im Wind klingen. Durch drei Höfe geht es in die jeweiligen Tempelhallen, in denen kunstvoll geschnitzte Buddhastatuen die Besucher erwarten. *184 Jalan Toa Payoh | MRT NS 19 Toa Payoh | www.shuanglin.org*

MEMORIES AT OLD FORD FACTORY [128 B4]

Insider Tipp

1941 nahm die alte Fordfabrik in Singapur als erstes südostasiatisches Automobilwerk ihre Fertigung auf. Heute hat die Stadt in den historischen Gebäuden eine beeindruckende Gedenkstätte für Singapurs Geschich-

te unter der japanischen Besatzung (1942–45) eingerichtet. Die Japaner tauften die Stadt in Syonan-To, „Licht des Südens", um. Doch sie herrschten mit einer Grausamkeit, die Singapur bis heute nicht vergessen hat. *Mo–Fr 9–17.30, Sa 9–13.30 Uhr | 351 Upper Bukit Timah Road | MRT NS 2 Bukit Batok, dann Bus 173 | CC 14 Botanic Gardens, dann Bus 170/171 | www. s1942.org.sg*

SINGAPORE ZOOLOGICAL GARDENS & NIGHTSAFARI ⭐ [128 C3]

Der wunderschöne Singapurer Zoo aus dem Jahr 1973 wurde als Open Zoo konzipiert – das heißt, dass die meisten Tiere in großen, offenen Gehegen gehalten werden. Wo immer es geht, wurde auf Gitter verzichtet – meist trennen Wassergräben Besucher und Besuchte. Die *Nightsafari* bietet einen besonderen Höhepunkt, den sich kein Singapur-Besucher entgehen lassen sollte. Mehrfach preisgekrönt sind sowohl Zoo als auch Nachtsafari. Im *Conservation Centre* erfahren Sie mehr über die Aktivitäten. Von 9 bis 17 Uhr können Sie den Fütterungen der 3600 Tiere beiwohnen. Wer mag, meldet sich zum Frühstück mit den Orang-Utans *(Jungle Breakfast | tgl. 9–10.30 Uhr | 18 S$)*. Außerdem gibt es den *Lunch with Lions*.

Der Spielplatz *Rainforest Kidzworld* ist Spitze und lockt mit vielen Wasserspielen (Badeanzug mitbringen!). Überhaupt bietet der Zoo viel Wasser. Bootsfahrten zeigen den Dschungel von einer anderen Seite. Im Jahr 2011 soll dann die, so heißt es, weltweit erste *River Safari* eröffnen, die das Tierleben an den

großen Flüssen zum Thema hat. Stolz ist der Zoo auf seine beiden Großen Pandas, die Singapur als Geschenk von China erhalten hat.

Um 18 Uhr schließt der Zoo, 90 Minuten später öffnen sich die Tore zur Nachtsafari: Über 40 ha erstreckt sich das Gelände, das anderthalbmal so groß ist wie das des Tageszoos. Am Eingang lodern Fackeln, über dem Gelände liegt ein fahler Schein, denn spezielle Lampen beleuchten die 1000 Tiere (110 verschiedene Arten) bis Mitternacht. Machen Sie üppigen Gebrauch von Mückenschutzmitteln. Am Eingang gibt es eine kleine Karte, die verschiedene, gut ausgeschilderte Routen vorschlägt. Wer müde ist, lässt sich mit der Bahn umherkutschieren.

Das Prinzip der Freigehege ist in der Nachtsafari perfektioniert worden, ungefährliche Tiere grasen direkt neben den Wegen. Sie können auch eine *Safari Adventure Tour* buchen, eine geführte Tour mit exklusiven Tieransichten. *Infos und alle Buchungen Tel. 62 69 34 11 | Zoo und Nightsafari liegen an der 80 Mandai Lake Road | Zoo tgl. 8.30–18, Nightsafari tgl. 19.30–24 Uhr, (Ticketverkauf bis 23 Uhr) | Eintritt Zoo 18 S$, nur Nightsafari 22 S$; freier Eintritt für alle Geburtstagskinder (Pass mitbringen!); Park Hopper (Kombination aus Zoo, Night Safari, Jurong Bird Park): 2-in-1 32 S$, 3-in-1 45 S$ | Bus 171 bis Mandai Lake Road, Straße überqueren und mit Bus 138 weiter bis zur Endstation. Oder MRT bis NS 16 Ang Mo Kio, weiter mit Bus 138; oder bis NS 4 Choa Chu Kang, dann weiter mit Bus 927 | www.zoo. com.sg*

> VIELFALT HEISST DAS ZAUBERWORT

Von China bis Italien, von Malaysia bis Frankreich:
Singapur ist auch ein Schmelztiegel für die Küchen dieser Erde

> Essen ist den Singapurern ausgesprochen wichtig, über Essen wird viel geredet, und gute Köche sind hoch angesehen. Dabei bietet der Stadtstaat auf engstem Raum eine ungeheure Vielfalt. Nicht nur alle Küchen Asiens können Sie hier kosten, sondern auch australische und europäische der allerbesten Sorte. Die Portionen sind – gerade an Straßenständen – oft kleiner als bei uns. Essen Sie einfach wie die Einheimischen, die sich auch angesichts der Hitze nicht den Bauch vollschlagen: Lieber weniger und dafür öfter, heißt das Rezept. Das gibt Ihnen auch die Chance, sich durch die verschiedenen Küchen zu probieren.

Am besten geht das in den sogenannten *hawker centres*. Die sind nichts anderes als eine Ansammlung kleiner Garküchen. Früher lagen sie meist unter freiem Himmel, heute findet man sie im Untergeschoss aller großen Einkaufszentren. Aber es gibt

Bild: auf der Terrasse des Indochine Waterfront

ESSEN & TRINKEN

auch regelrechte Essmärkte in jedem Viertel. Dort stehen dann kleine Plastikstühle um einen Tisch herum, man sucht sich unter den Küchen mit einem Blick in die Töpfe die leckerste aus und kauft dort direkt beim Koch seine Mahlzeit. Die kommt in der Regel auf einem Plastikteller, die Getränke verkauft ein gesonderter Stand. Scheu brauchen Sie nicht zu zeigen: Sprechen Sie ruhig ihre Tischnachbarn an, wenn diese etwas besonders Leckeres auf dem Teller haben. Wie gesagt: Die Singapurer sprechen gern über Essen.

Neben der chinesischen, indischen und malaiischen Küche hat Singapur noch einen ganz eigenen Stil aufzuweisen: Die *Peranakan*-Küche, die sich entlang der Meerenge Straße von Malakka entwickelt hat. Begründet von den frühen Einwanderern, vereint die Peranakan-Kultur chinesische mit malaiischen und europäischen Ein-

CAFÉS & TEEHÄUSER

Schönes altes Markthallerambiete: Lau Pa Sat Festival Market

flüssen. Sie hat auch einen eigenen Bau-, Wohn- und Kleidungsstil hervorgebracht. Heute ist sie besonders im Stadtteil Katong verankert.In Singapur ist es nicht schwer, für 4 S$ oder auch für 400 S$ zu Abend zu essen. Zum Preis auf der Speisekarte kommen noch die Mehrwertsteuer (GST) von 7 Prozent und ein Servicezuschlag, der meist 10 Prozent umfasst. Trinkgeld wird nirgends erwartet. Sehr teuer werden Restaurantbesuche, wenn Sie Alkohol bestellen. Die Steuern auf alkoholische Getränke sind immens, und ein Bier kann so umgerechnet leicht 5 Euro kosten.

■ CAFÉS & TEEHÄUSER ■■■■

CAFÉ LES AMIS   [118 A3]

Wenn Ihnen das gleichnamige Luxusrestaurant zu teuer ist, können Sie Kaffee, Tee und kleinere Mahlzeiten im schönen Ambiente des Botanischen Gartens genießen. *Frühstück 7.30–10.30 Uhr | Eingang Cluny Road | MRT NS 22 Orchard, dann Bus 7, 77, 106, 123, 174 ab Orchard Boulevard*

CEDELE   [119 D4] Inside Tipp

Cafékette in vielen Einkaufsmeilen, der Lieblingsplatz westlicher Frauen in Singapur Gebacken wird mit Zutaten aus ökologischr Produktion. Der Kaffee stammt aus fairem Handel. z. B.: *Wheelock Place | 501 Orchard Road #03–14 | So–Do 10–22, Fr–Sa 10–23 Uhr | MRT NS 22 Orchard | www.cedeledepot.com*

PS. CAFE ▶▶   [118 A4] Inside Tipp

Zum Brunch oder auch zum Samstagnachmittags-tee unter Tropenbäumen treffen sich Künstler und Autoren. Das Essen ist gut und modern mit einem stark australischen Einschlag, mit viel frischem Gemüse und riesigen Schokoladentorten. *128 B Harding Road | Tenglin Village | Tel. 90 70 87 82 | MRT NS 22 Orchard, dann Bus 7, 77, 106, 123, 174 ab Orchard Boulevard*

> **www.marcopolo.de/singapur**

ESSEN & TRINKEN

Insider Tipp **TEA CHAPTER** [124 B4]
Eine gute Tasse Tee im wohl bekanntesten Teehaus Chinatowns. Neulinge können sich in die Zeremonie des Brühens und Genießens einführen lassen. Kaufen können Sie die köstlichen Blätter hier natürlich auch. *9 A Neil Road | Kursanmeldung Tel. 62 26 11 75 | MRT NE 4 Chinatown*

TWG ⭐ [119 E4]
Alteuropäischer Charme inmitten von Singapurs modernstem Einkaufszentrum: Das Teehaus TWG hat sich sofort nach Eröffnung im ION Orchard zum Lieblingstreff der Kunden entwickelt. Nicht von ungefähr: Die jungen Gründer bieten in ihren riesigen, bunten Teedosen viele Eigenmischungen. *Tgl. 10–22 Uhr | 2 Orchard Turn #02–21 | MRT NS 22 Orchard | www.twgtea.com*

▮ HAWKER CENTRES & FOOD COURTS ▮
Das stilvollste *hawker centre* ist der ⭐ *Lau Pa Sat Festival Market*

[125 D4] an der Robinson Road zwischen Waterfront und Chinatown *(MRT NS 26, EW 14 Raffles Place)*. Schon 1822 gab es an dieser Stelle einen Markt. Die Eisenteile der Hallen wurden 1894 aus Glasgow nach Singapur geschifft.

Während der Sanierung Chinatowns hat das Singapore Tourism Board die *Smith Street* [124 B–C4] **Insider Tipp** zu einer Essmeile umgestaltet *(MRT NE 4 Chinatown)*. Der ▶▶ schönste *food court* liegt auf dem Dach des Einkaufszentrums Vivo City[126 C2] direkt am Meer. Er ist hollywoodreif wie ein altes chinesisches Dorf gestaltet *(Food Republic@Vivo City | #03–01 Telok Blangah Road, Ecke Sentosa Gateway | MRT NE 1 Harbourfront)*. Wie eine offene Markthalle wirkt das *Maxwell Road Food Centre* [124 C4] in Chinatown *(MRT, NE 4 Chinatown)*. Unschlagbar preiswert ist die *Asian Food Mall* [119 E4] im Einkaufscenter *Lucky Plaza* auf der Orchard Road *(MRT NS 22 Orchard)*.

MARCO POLO HIGHLIGHTS

⭐ **Lau Pa Sat Festival Market**
Hawker food bekommen Sie hier in einer zauberhaften Halle – am besten mittags hingehen, dann sind die Speisen ganz frisch (Seite 59)

⭐ **TWG**
Lieblings-Teetreff im besten Kaufhaus der Stadt (Seite 59)

⭐ **Iggy's**
Gourmets unter sich: Von Feinschmeckern für Feinschmecker (Seite 60)

⭐ **Indochine Waterfront**
Edles Restaurant, Bistro und Bar mit laotischer, vietnamesischer und kambodschanischer Küche (Seite 62)

⭐ **The Song of India**
Exzellente indische Küche – im Kolonialhaus liebevoll serviert (Seite 62)

⭐ **The Knolls**
Den Sonnenuntergang genießen auf der Terrasse von Stararchitekt Norman Foster (Seite 61)

RESTAURANTS €€€

RESTAURANTS €€€

EQUINOX THE
RESTAURANT ☀ [125 E1]

Das Restaurant bietet einen der schönsten Ausblicke Singapurs. Aus den Fenstern im 70. Stock können Sie bei klarem Himmel bis nach Indonesien schauen – und dabei moderne asiatisch-europäische Fusionküche schlemmen. *2 Stamford Road | Swiss-otel The Stamford | Tel. 64 31 61 56 | MRT NS 25, EW 13 City Hall*

FLUTES AT THE FORT [124 C7]

Spitzenküche im ehemaligen Wohnhaus des Feuerwehrhauptmanns. Das wunderschöne *Black-and-White-House* unter Tropenbäumen bildet den richtigen Rahmen für eine gelungene Mischung aus europäischer und

> GOURMETTEMPEL
Mit Fusion und Bunsenbrenner auf Weltniveau

CRYSTAL JADE
GOLDEN PALACE [119 E5–6]

Viele halten den Palast für das beste chinesische Restaurant der Stadt. An weiß gedeckten Tischen wird feine Teochew- und Kanton-Küche serviert. Berühmt ist das Vogelnest mit Schinken. *290 Orchard Road | #05 22–24 Paragon | Tel. 67 34 68 66 | MRT NS 22 Orchard*

IGGY'S ★ [118 C4]

Das winzige Restaurant des deutschen Chefkochs mit seiner stark japanisch beeinflussten Küche wird regelmäßig als das beste Restaurant der Stadt bezeichnet. Die Gäste sitzen entlang einer Bar und haben die Wahl zwischen einem 7- und einem 10-Gänge-Menü. *1 Cuscaden Road | The Regent | Tel. 67 32 22 34 | MRT NS 22 Orchard, dann Bus 36, 36 A ab Orchard Boulevard*

AU JARDIN [118 A3]

„Im Garten", im Botanischen Garten nämlich, liegt dieses Edelrestaurant in einem Kolonialgebäude. Die Auswahl auf der Karte ist begrenzt, die Weinkarte dafür sehr umfangreich. *Fr 12–15, So 11.30–15 Uhr, sonst nur Dinner | 1 Cluny Road | Tel. 64 66 88 12 | MRT NS 22 Orchard, dann Bus 7, 77, 106, 123, 174 ab Orchard Boulevard*

THE LIGHTHOUSE [125 D3]

Am Tisch neben Ihnen könnte hier über millionenschwere Deals verhandelt werden – denn das Lighthouse wird gern von Investmentbankern besucht. Kein Wunder: Mit Blick auf die Marina Bay wird beste italienische Küche kredenzt. *Fullerton Hotel | 1 Fullerton Square | Tel. 68 77 89 33 | MRT EW 14 NS 26 Raffles Place | www.fullertonhotel.com*

RAFFLES HOTEL [121 D6]

Das Mittagsbuffet im rustikal gehaltenen Long Bar Steak House wissen nicht nur Geschäftsleute zu schätzen. Legendär ist der Sonntagsbrunch im Billardroom, der es an nichts fehlen lässt. *1 Beach Road | Raffles Hotel | Tel. 64 31 61 56 | MRT NS 25, EW 13 City Hall*

Die beiden Kasinokomplexe auf Sentosa und an der Marina Bay bieten eine ganze Reihe internationaler Spitzenrestaurants von Köchen wie Mario Batali, Joël Robuchon und Wolfgang Puck.

asiatischer Küche. *21 Lewin Terrace |
Fort Canning Park | Tel. 63 38 87 70 |
MRT EW 13, NS 25 City Hall, dann
zu Fuß oder per Taxi, oder Bus 124,
174 ab Orchard Road bis Hill
Street/MICA-Building, dann zu Fuß*

THE KNOLLS  [126 C4]

Schöner kann der Ausblick kaum
werden – und das Essen kaum besser.

*(S2 Imbiah)oder mit dem Bus, auch
Abholservice ist möglich. | www.ca
pellasingapore.com/the-knolls-restau
rant.php*

THE LINE [118 C3]

Das orange und weiß gestylte Restaurant bietet ein Mittagsbüfett mit Essständen aus allen Regionen Asiens.
22 Orange Grove Road | Shangri-La

Erst Blümchen gucken, dann edel dinieren: „Au Jardin" im Botanischen Garten

Sie sitzen auf einer Terrasse eines von
Norman Foster frisch restaurierten
Kolonialbaus hoch über dem Meer.
Nach dem Dinner lädt eine Lounge
im ersten Stock zum Entspannen bei
Kerzenschein. Die Küche ist modern
asiatisch. Seien Sie vor 19 Uhr da, um
den Sonnenuntergang nicht zu ver-
passen. Erstaunlich gutes Preis-Leis-
tungs-Verhältnis. *Im Hotel Capella
auf Sentosa | Tel. 62 13 42 75 | von
Vivo-City (MRT CC 29, NE 1 Har-
bourfront) mit dem Sentosa-Express*

*Hotel | Tel. 62 13 42 75 | MRT NS 22
Orchard, dann zu Fuß oder per Taxi*

MY HUMBLE HOUSE [125 E2]

Durchgestylter Chinese im Konzerthaus Esplanade. Hier bekommen Sie
„Fliegende Wolken am Herbsthim-
mel" oder „Das Flüstern des Früh-
lingsregens". Buchen Sie einen Tisch
mit Blick auf den Hafen. *8 Raffles
Avenue | #02–27–29 Esplanade Mall |
Tel. 64 23 18 81 | MRT EW 13, NS 25
City Hall, CC 3 Esplanade*

RESTAURANTS €€

PRIMA TOWER REVOLVING RESTAURANT ☀ [127 D2]

In diesem Drehrestaurant können Sie mit Blick über den Hafen feine chinesische Küche genießen. Das Ambiente stammt aus der 1960er-Jahren, die Pekingente ist berühmt. *201 Keppel Road | Tel. 62 72 88 22 | MRT NE 1 Harbourfront, dann Bus 10, 100 Richtung Innenstadt*

■ RESTAURANTS €€ ■

AL DENTE TRATTORIA ☀ [125 E2]

Kein Zweifel – der Blick von der Dachterrasse auf die Skyline der Stadt bei Sonnenuntergang ist unschlagbar. Das italienische Essen besitzt nicht die gleiche Qualität wie der Ausblick. Die Lage am Kulturtempel Esplanade aber bietet sich an für das Dinner vor einem Konzertbesuch. *8 Raffles Avenue | #01–13 Esplanade Mall | Tel. 63 41 91 88 | MRT EW 13, NS 25 City Hall*

EAST COAST SEAFOOD CENTRE [129 D4]

Hier ist das Reich der *Black Pepper Crab*. Für eines der Singapurer Nationalgerichte finden Sie keinen besseren Ort. Die ganze Reihe von Restaurants entlang der Küste hat sich auf Meeresfrüchte spezialisiert. Der Blick auf das Meer ist romantisch. Die Restaurants indes bieten typisch chinesische Atmosphäre mit Plastikstühlen und Neonlicht. *Upper East Coast Road | am besten per Taxi*

INDOCHINE WATERFRONT ★ ☀ ▶▶ [125 D2–3]

Nicht grundlos ist das wichtigste Restaurant dieser Kette häufig für Firmenempfänge ausgebucht. Im schönen Asian Civilisation Museum gelegen, bietet es einen herrlichen Ausblick auf die majestätischen Hochhäuser der Banken. Neben dem Indochine selber, mit seinen laotischen, kambodschanischen und vietnamesischen Spezialitäten liegen die Bars Opium und Siem Reap. Leider hält der Service nicht mit den Preisen Schritt. *1 Empress Place | Asian Civilisation Museum | Tel. 63 39 17 20 | MRT NS 26, EW 14 Raffles Place oder NS 25 EW 13 City Hall*

JAPANESE DINING SUN@CHIJMES [125 J1]

Der Japaner im ehemaligen Kloster, heute ein Restaurantzentrum, bietet eines der frischesten Sashimi der Stadt. Aber auch die anderen Gerichte – von Krabbenfleisch mit Ei und Spinat bis Tofu-Pudding – lohnen den Besuch. *36 Victoria Street | #02–01 Chijmes | Tel. 63 36 31 66 | MRT NS 25, EW 13 City Hall*

NANBANTEI [119 E4]

In diesem Einkaufszentrum erwartet niemand ein gutes Restaurant. Und doch hat das japanische Grillrestaurant seine Stammkundschaft: Zu ecker sind frischer Lachs, in Speck gerollt, oder die rohen Makrelen. Erwarten Sie keine schicke Adresse – hier geht es rustikal zu. Schön ist der Platz an der Theke, direkt am Holzkohlegrill. *14 Scotts Road #05–132 | Far East Plaza | Tel. 67 33 56 66 | MRT NS 22 Orchard*

THE SONG OF INDIA ★ [119 E3]

Eines der edelsten indischen Restaurants der Stadt. Das alte Kolonialhaus besticht dank seines Charmes, die Inneneinrichtung mag manchem in-

des als kitschig gelten. Das Essen von Chefkoch Millind Sovani aber ist über jeden Zweifel erhaben. *33 Scotts Road | Tel. 68 36 00 56 | MRT NS 22 Orchard*

THE WHITE RABBIT [118 A4]

Chefkoch Daniel Sia serviert in einer ehemaligen Garnisonskapelle modern-europäische Gerichte mit einem starken britischen Einschlag. Viele Gäste kommen nur wegen der Cocktails. *39 C Harding Road | (Dempsey Hill) | Tel. 64 73 99 65 | MRT NS 22 Orchard, dann Bus 7, 77, 106, 123 ab Orchard Boulevard | www.thewhite rabbit.com.sg*

■ RESTAURANTS €

BANANA LEAF APOLO [121 D2]

In diesem typsch indischen Restaurant ist man auf südindische Gerichte, die etwas schärfer sind als die nordindischen, spezialisiert. Selbstverständlich ist es erlaubt, die auf Bananenblättern servierten Speisen mit den Fingern zu essen. Das Fischkopf-Curry ist hier äußerst begehrt. *54–58 Race Course Road | Tel. 62 93 86 82 | MRT NE 8 Farrer Park*

BROTZEIT ☀ [126 C2]

Haben Sie keine Lust mehr auf Reis und Hühnchen, gehen Sie zu Brotzeit. Hier gibt es Schmalz- und Leberwurststullen zu fairen Preisen – und den Blick aufs Wasser kostenlos dazu. *1 Harbourfront Walk | Vivo City, #01–149–151 | Tel. 62 72 88 15 | MRT NE 1 Harbourfront*

CHILLI PADI [129 D4]

Etwas außerhalb liegt dieses freundliche Familienrestaurant, in dem her-

Spart den Tellerwäscher: Indisches direkt vom Bananenblatt im Banana Leaf Apolo

> SPEZIALITÄTEN

Genießen Sie die typisch Singapurer Küche!

Bah Kut Teh – scharfe Kräutersuppe mit Schweinefleisch und Innereien. Die Suppe mit Pfeffer, Chili und Knoblauch gibt es zum Frühstück

Bak Kwa – Die Scheiben aus geraspeltem Schweinefleisch, mit Honig bepinselt und dann gegrillt, sehen nicht unbedingt appetitlich aus. Sie sind es aber doch. Für Chinesen eine Delikatesse, nicht nur in den Wochen des Neujahrsfestes

Chai Tow Kway/Carrot Cake – eine Art Pfannkuchen mit Frühlingszwiebeln und süßer schwarzer Soße; hat nichts mit dem Kuchen zu tun, den man bei uns kennt

Char Kway Teow – gebratene, flache Nudeln mit süßer, schwarzer Sojasauce aus dem Wok, dazu kommen chinesische Würstchen, Sojasprossen, Eier und Knoblauch

Chicken Rice – zart gekochtes Huhn mit verschiedenen Saucen; sieht ein bisschen fad aus, ist aber ein Gedicht. Kommt ursprünglich aus der chinesischen Provinz Hainan und ist Singapurs Nationalgericht geworden

Hokkien Mee – gelbe Nudeln, im Wok gebraten: der Klassiker mit Schweinefleisch oder Tintenfisch und jeder Menge Gemüse

Kaya Toast – sehr süßer Frühstückssnack: Pudding aus Milch und Eiern mit Kokosmilch

Laksa – dick und gelb sind die Nudeln dieser berühmten scharfen Suppe, in der je nach Geschmack Huhn- oder Fischstückchen schwimmen, dazu Tofuwürfel und Kokosmilch oder Tamarindensaft (Foto)

Nasi Lemak – das klassische malaiische Frühstück aus in Kokosmilch gekochtem Klebreis, der in ein Bananenblatt gewickelt wird; man verzehrt es mit kleinen Sardinen und reichlich Chili

Rojak – tropischer Salat aus Gurke, Ananas, Mango, gegrilltem Tofu, Tamarindensaft, frittierten Teigstücken mit Garnelenpaste und gehackten Erdnüssen

Roti Prata – eine Art indischer Pfannkuchen aus dünnem Teig mit unterschiedlicher Füllung, die aber meist vegetarisch ist. Mit Hammel- oder Huhnfüllung heißt der Pfannkuchen Murtabak; kommt meist mit Currysauce auf den Tisch

Satay – Stücke vom Huhn, Hammel, Rind oder Tintenfisch werden in scharfe Gewürze eingelegt und über Holzkohlen gegrillt, dazu gehören Erdnusssauce, Gurke und rohe rote Zwiebeln

Wanton Noodles – der Klassiker aus der chinesischen Provinz Kanton: Eiernudelsuppe inklusive gekochten Teigtaschen, die wiederum mit Hackfleisch gefüllt sind

vorragende Peranakan-Hausmanns-kost preisgünstig angeboten wird. *Beef Rendang* oder Fischkopf-Curry sind die Klassiker. *#01–03 11 Joo Chiat Place | Tel. 62 75 10 02 | Bus 16 ab Orchard Road*

EVEREST KITCHEN [120 C3]

Insider Tipp

Schlichtes Ambiente, aber leckere Küche: wer hier isst, fühlt sich wie am Fuße der Achttausender. Die mit Fleisch gefüllten *Momos* (Teigtaschen) sind genauso lecker wie die *Ladyfingers* (gebackene Okraschoten). Im Herzen von Little India gelegen. *55 Chander Road | Tel. 62 99 07 45 | MRT NE 7 Little India*

KOMALA VILAS RESTAURANT [121 D4]

Das beliebteste und wohl beste indische vegetarische Restaurant. Hier finden Sie alle indischen Brotsorten, alle Reisgerichte, Linsen und Spinat in vielen Variationen. *76–78 Serangoon Road | MRT NE 7 Little India*

OUR VILLAGE ☘ [125 D3]

Insider Tipp

Die unschlagbare Kombination von gutem Essen und phantastischer Aussicht bietet dieses Restaurant im fünften Stock eines *shophouses* am Boat Quay. Den Trubel verlassen Sie, wenn Sie auf die gemütliche Dachterrasse treten. Aufgetischt werden nordindische Gerichte sowie Speisen aus Sri Lanka. *46 Boat Quay | Tel. 65 38 30 92 | MRT EW 14, NS 26 Raffles Place*

TRAPIZZA [126 A4]

Insider Tipp

Der Name vereint Trapez und – natürlich – Pizza: Zum Restaurant gehört Singapurs erste Trapezschule. Mitten auf dem Sandstrand der Frei-zeitinsel Sentosa führt das Hotel Shangri-La beides. Die Tische und Stühle der einfachen Pizzeria stehen auf Sand, das Essen ist lecker und der Blick schweift über das Meer mit seinen Schiffen, die zum Greifen nah liegen. *101 Siloso Road | Sentosa | Tel. 63 76 26 62 | MRT NE1 Harbourfront, von dort Bus (blaue/rote/grüne Linie) bis Endstation Siloso Beach*

328 [129 D4]

Insider Tipp

Hier werden Sie keine Touristen treffen. Das Straßenrestaurant liegt im Herzen von Katong, dem alten Peranakan-Viertel. 328 hat den „Laksa-Krieg" mit den benachbarten Restaurants für sich entschieden, die Singapurer kommen vom anderen Ende der Stadt, um hier für 4 S$ die köstliche Suppe zu schlürfen. *53 East Coast Road | nahe Ecke Ceylon Road | Bus 14 von Orchard Road*

>LOW BUDGET

> Besuchen Sie eines der unzähligen *hawker center*. Sie liegen an Straßenkreuzungen oder in den Tiefgeschossen praktisch aller Einkaufsmeilen. Hier können Sie ab 3 S$ je Gericht alle Köstlichkeiten Asiens probieren. Sorgen, mit Bauchweh nach Hause zu gehen, brauchen Sie nirgends zu haben. Die Hawker werden streng kontrolliert.

> Haben Sie Durst, fragen Sie in jedem Restaurant nach *ice water*. Das kühle Nass wird im tropischen Stadtstaat fast immer kostenlos zum Essen gereicht – bei Touristen aber gerne vergessen. Sauber ist es auf jeden Fall.

> GELDAUSGEBEN ALS LEBENSELIXIER

Ich kaufe ein, also bin ich – so lautet das Motto für das liebste Freizeitvergnügen der Singapurer

> **Das Klingeln der Einkaufskassen halten viele für die heimliche Nationalhymne des Stadtstaats.**
Singapurs bekannteste Shoppingmeile ist die *Orchard Road* [119 D–F 4–5, 120 A–C 5–6]. Es gibt fast nichts, was es hier nicht gibt. Mehr als 40 Einkaufszentren mit mehreren Kaufhäusern und Hunderten, wenn nicht Tausenden von Einzelhandelsgeschäften liegen allein in diesem Stadtteil, Tendenz steigend. Das gilt auch für den übrigen Innenstadtbereich; sogar das Kulturzentrum *Esplanade* besitzt eine ganze Reihe kleiner Boutiquen. Für Freunde des Luxus wird Marina Bay zur ersten Adresse, das Architektur-Highlight ★ Vivo City bietet Geschäfte mit Meerblick.

In den meisten Malls sind internationale Ketten wie Body Shop, Esprit und Zara zu finden. Geöffnet ist an sieben Tagen in der Woche, meist von 10–22 Uhr. Die Orchard Road

Bild: Bankenviertel mit dem Boat Quay

EIN
KAUFEN

bietet jeden Samstag *late-night-shopping* bis 23 Uhr.

Auch heute lassen sich noch Schnäppchen – auch in Abhängigkeit vom Wechselkurs – machen: Damenschuhe und Kleidung sind oft billiger als in Europa, Elektronikwaren wie Kameras und CDs ebenfalls. Wo Preise unter den Einkaufspreisen der Händler zu liegen scheinen, stimmt aber etwas nicht. Bei der vermeintlich supergünstigen Videokamera fehlen dann das Zubehör und die internationale Garantie. Oder will man Ihnen Dinge, die gerade nicht im Laden sind, ins Hotel bringen, so blicken Sie am Ende verdutzt auf Waren, die Sie so nie kaufen wollten. Deshalb: Zahlen Sie nie vor Erhalt der Ware.

In kleineren Geschäften können Sie kräftig handeln. Die großen Kaufhäuser in der Innenstadt haben in der Regel Festpreise. Diese liegen zehn bis zwanzig Prozent über dem, was

durch langwieriges Handeln anderswo herauszuholen ist

Um Ärger zu vermeiden achten Sie auf die Zeichen „case trust" und „QJS" an den Läden – die Verbraucherschutzorganisation und die Vereinigung der Juweliere vergeben diese Plaketten, um Qualität zu garantieren. Haben Sie gleichwohl Beschwerden können Sie sich an die

net. Für die Rückerstattung müssen die Kunden im Laden ihren Pass vorzeigen, damit der Tax-Free-Shopping-Scheck ausgestellt werden kann. Beim Verlassen Singapurs werden sämtliche Schecks zusammen mit den Waren beim Zoll abgestempelt, bevor sie an den Global-Refund-Schaltern (in den Flughafenterminals) eingelöst werden können.

Wie das Wetter auch wird: Bummeln auf der Orchard Road geht immer

kostenfreie Tourist-Hotline wenden: *Tel. 1800/736 20 00.*

Auf die meisten Waren und Dienstleistungen wird eine siebenprozentige Mehrwertsteuer (Goods and Services Tax – GST) aufgeschlagen. Besucher können sich die Steuer für Einkäufe im Wert von 300 S$ oder mehr erstatten lassen. Geschäfte, die am GST-Tourist Refund Scheme teilnehmen, sind mit einem Schild „Tax Free Shopping" gekennzeich-

BRILLEN & KONTAKTLINSEN

Kontaktlinsen und Pflegemittel, manchmal auch Brillen, sind in Singapur preiswerter als in Deutschland. Brillen können meist innerhalb von 24 Stunden angefertigt werden. *Yes!* in der Suntec City Mall *(Tel. #01–073/075)* [125 F1] hat eine große Auswahl. Ansonsten bieten fast alle großen Kaufhäuser einen Optikerservice.

■ BÜCHER

BORDERS [119 D4]

Eine Großbuchhandlung für englischsprachige Werke, die viele Sonderangebote bietet. Der Service ist schlecht, der Laden aber – besonders am Wochenende – brechend voll. Neben Büchern und Zeitschriften gibt es auch CDs. *Wheelock Place | 501 Orchard Road | MRT NS 22 Orchard*

KINOKUNIYA ⭐ [119 E5]

Gilt als größter Buchladen Südostasiens und hat sogar deutsche Bücher und Zeitschriften. Die Auswahl an zeitgenössischer asiatischer Literatur in englischer Sprache kann sich sehen lassen. *Ngee Ann City | 391 Orchard Road | MRT NS 22 Orchard*

SELECT BOOKS [118 C4]

Insider Tipp

Diese Buchhandlung ist nicht mit den Riesensortimenten von Kinokuniya oder Borders zu vergleichen. Dafür bietet sie alles, was Asienfans interessiert: Bildbände über Handwerkskunst, Stoffe oder Malerei, Reiseliteratur, Bücher über die aktuelle Politik in der Region. *19 Tang-lin Road | #03–15 Tanglin Shopping Centre | MRT NS 22 Orchard | www.selectbooks.com.sg*

■ DAMENSCHUHE

Eines der vielen Schnäppchen, die Sie in Singapur machen können: Damenschuhe. Topaktuell und meist halb so teuer wie in Deutschland. Allerdings reicht das Sortiment meist nur bis Größe 40. Die beste Auswahl bieten die Schuhabteilungen der Kaufhäuser *Metro (290 Orchard Road im The Paragon* [119 E–F5]*), Tangs (310–320 Orchard Road* [119 E4]*), und Takashimaya (391 Orchard Road im Ngee Ann City* [119 E5]*). Alle: MRT NS 22 (Orchard)*

■ EINKAUFSZENTREN

313@SOMERSET ⭐ [119 F5]

Das neue Kaufhaus wird zur Lieblingsadresse der Singapurer: Bietet es doch auf vier Fluren die besten Geschäfte der Stadt. Und noch viel mehr: Denn der Foodcourt Food Republic im fünften Stock entführt Sie in verschiedene Länder Asiens, die Restaurants Brotzeit und Marché bedienen auch den europäischen Ge-

MARCO POLO HIGHLIGHTS

⭐ **Vivo City**
Einkaufsmeile, Architekturdenkmal, Spielplatz und noch viel mehr (Seite 66)

⭐ **Kinokuniya**
Für Bücherwürmer – nicht nur an Regentagen (Seite 69)

⭐ **Suntec City**
Moderne Shoppingmall, untergebracht in fünf Türmen (Seite 70)

⭐ **ION Orchard**
Singapurs Edelmeile mit mehr als 300 Geschäften (Seite 70)

⭐ **313@Somerset**
Die führenden 21 Läden Singapurs in modernem Ambiente (Seite 69)

⭐ **Tanglin Village (Dempsey Hill)**
Wo früher Soldaten exerzierten, trifft sich heute die Szene (Seite 73)

schmack. *313 Orchard Road | MRT NS 23 Somerset | www.313somerset.com.sg*

THE CATHAY   [120 B–C5]

Hierhin strömt die Jugend Singapurs. Die neue Mall hinter der Art-déco-Fassade eines Filmtheaters von 1935 bietet unter dem Dach Spielsalons und Kinos, auf den unteren Etagen Boutiquen. *2 Handy Road | MRT CC 1 NS 24 NE 6 Dhoby Ghaut*

>LOW BUDGET

> Günstige CDs aller Musikrichtungen bietet *Grammophone* mit acht Filialen in der Stadt zu weniger als dem halben Preis in Deutschland an. *Z.B. #B2–38 Takashimaya S. C. Ngee Ann City* [119 E5], *391 Orchard Road | MRT NS 22 Orchard*

> Die Song & Song-Läden [119 E4] sind hässlich, hier geht es nur um den Preis. Aber wo sonst finden Sie Adidas-Trikots für 15 S$ oder Nike-Tennisröcke für 20 S$. Das Angebot wechselt täglich. *Lucky Plaza, 304 Orchard Road, MRT NS 22 Orchard oder MRT CC 21 Holland Village, oder mit Bus 7, 77 von Orchard Boulevard.*

> Leseratten müssen Bücher und Zeitungen nicht unbedingt kaufen. Setzen Sie sich einfach in eine der beiden großen Buchhandlungen *Kinokuniya* [119 E5] *(391 Orchard Road, Ngee Ann City #03–10/15, | MRT NS 22 Orchard)* oder *Borders* [119 D4] *(501 Orchard Road, Wheelock Place | MRT NS 22 Orchard)*. Hier ist es üblich, in Ruhe alle Bücher und Zeitschriften zu durchstöbern.

ILUMA   [121 D–E]

Eine Mall für Jugendliche, die von ihren Computerspielsälen im Obergeschoss lebt. Mitten im jungen District Bugis. Interessant ist die Leuchtfassade von Berliner Designern. *201 Victoria Street | MRT EW 12 Bugis*

ION ORCHARD   [119 E4]

Hier findet sich der Luxus der ganzen Welt. Im Aushängeschild der Orchard Road können Sie Tage verbringen. Eine Fülle von Restaurants, ein Food Court im Keller, Ausstellungsflächen bieten Abwechslung. Das Design ist hochmodern. Aber Sie werden sich verlaufen – was durchaus gewollt ist. Auf dem Dach entsteht eine Aussichtsplattform. *2 Orchard Turn | MRT NS 22 Orchard | www.ionorchard.com*

NGEE ANN CITY   [119 E5]

Ein Flügel dieses gigantischen Konsumtempels ist von der japanischen Warenhauskette Takashimaya belegt. In den oberen Etagen sind die exklusiven Boutiquen von Armani & Co. zu finden, in den Kellerstockwerken junge Mode von der Stange. Außerdem unter diesem Dach: gute Restaurants, Friseure, die riesige Buchhandlung Kinokuniya, eine Post, Galerien. *391 Orchard Road | MRT NS 22 Orchard oder mit Bus 7, 77 von Orchard Boulevard*

SUNTEC CITY   [125 F1]

Dieses Zentrum hat Ngee Ann City in puncto schiere Größe den Rang abgelaufen. Konzipiert als Stadt in der Stadt, sind die fünf Türme (vier mit 45 Stockwerken, einer mit „nur" 18), die Ausstellungsflächen und Büros

Computerparadies Singapur: die Funan IT Mall – Elektronik so weit das Auge reicht

beherbergen, weithin zu sehen. Das Angebot der über 200 Geschäfte ist allumfassend. Rund um den großen Brunnen *Fountain of Wealth* sind eine große Anzahl guter Restaurants vertreten. *MRT EW 13, NS 25 City Hall, weiter mit kostenlosem Shuttlebus | www.sunteccity.com.sg*

■ ELEKTRONIK ■

Wer Festpreise schätzt, versucht sein Glück bei den Ketten *Best Denki* oder *Harvey Norman*, die viele Filialen in den großen Einkaufszentren unterhalten. Fotofachgeschäfte bieten professionelle Beratung. Vorsicht bei Käufen im *Far East Shopping Centre* [119 D4], *Far East Plaza* [119 E4], *Orchard Towers* [119 D4] und *Lucky Plaza* [119 E4], Sie könnten übers Ohr gehauen werden.

FUNAN IT MALL [125 D1–2]

Die Funan IT Mall bietet sich vor allem für Käufer an, die auf der Suche nach Zubehör zu Computern oder Kameras sind. *109 North Bridge Road | MRT EW 13, NS 25 City Hall*

LORDS CAMERAS AND WATCHES [119 E4]

Eine Ausnahme im Lucky Plaza: Kameras zu fairen Preisen, mit verlässlichem Service – trotzdem das Handeln nicht vergessen. *304 Orchard Road | Lucky Plaza #01–79 | MRT NS 22 Orchard*

PARIS SILK [128 C4]

Statt Seide, wie der Name vermuten lassen würde, werden hier Elektronik und Kameras zu niedrigen Festpreisen verkauft. Das Geschäft liegt etwas außerhalb im Holland Village. *15 A Lor Liput | MRT CC 21 Holland Village oder NS 22 Orchard, dann Bus 7, 77 ab Orchard Boulevard*

SIM LIM SQUARE [121 D4]

Wie die Funan IT Mall eine Adresse, bei der Singapurs Computerexperten einkaufen. Sim Lim Square ist ein riesiges Kaufhaus, vom Tiefkeller bis unter das Dach vollgestopft mit lauter Elektronik- und Computerläden. Die Preise hier liegen in der Regel fest – ein bisschen Rabatt

KLEIDUNG

können Sie aber fast immer noch herausholen. *1 Rochor Canal Road | MRT EW 12 Bugis*

▌ KLEIDUNG ▌

Internationale Markenware gibt es in allen Shoppingmalls und natürlich in den Geschäften entlang der *Orchard* und der *Scotts Road*. Superbillige T-Shirts gibt es vor allem in den Läden

who der Singapurer Hautevolee. *S & W International 5000 F Marine Parade Road #01–26 Laguna Park | am besten mit dem Taxi*

CYC [119 E4] Insider Tipp

Der älteste Hemdenschneider Singapurs, der keine Wünsche offen lässt. Ab gut 130 S$ bekommen Sie hier die besten Herrenhemden der Stadt, neu-

In Little India gibt es zahlreiche Geschäfte mit preisgünstiger Kleidung

in *Little India* und den *HDB-Außenbezirken*.

CHEWS CHEONGSAMS [129 D4]

Wollen Sie Ihre Liebste mit einem chinesischen Cheongsam überraschen? Dann machen Sie sich auf zu Elisa Chew. Sie näht die traditionellen Kragenkleider seit drei Jahrzehnten. Ihre Kundschaft zählt zum Who's

erdings auch Damenblusen. Auch Jahre später noch bietet der Schneider den Austausch von Kragen und Manschetten an. *390 Orchard Road | Palais Renaissance B1–06 | MRT NS 22 Orchard*

SHANGHAI TANG [119 E5]

Die Singapurer Niederlassung der Modekette aus Shanghai bietet alles,

> www.marcopolo.de/singapur

was es auch im Originalgeschäft gibt: Teure Mode mit einem Touch Exotik, die die Farben Asiens in sich trägt. Shanghai Tang wurde 1994 von dem Hongkonger Geschäfts- und Lebemann David Tang Wing-Cheung gegründet und versteht sich als erste globale Lifestyle-Marke aus dem Reich der Mitte. Außer Pullovern und Kleidern, Jacken, Mützen und Anzügen gibt es auch viele schöne Mitbringsel und edle Accessoires. *391 Orchard Road | #02–09 Ngee Ann City | MRT NS 22 Orchard*

■ KUNST & ANTIKES ■

Chinatown bietet vor allem an der *South Bridge Road* [124 C3-4] und an der *Pagoda Street* [124 B-C 3-4] viele Geschäfte zum Stöbern. Auch die *Tanglin Road* [118 C4] ist eine gute Adresse für Buddhafiguren und südostasiatische Kunst.

Insider Tipp **AUKTIONEN**

Hier lernt man viel über Asien: Schauen Sie sich eine Kunstauktion an. Die Bilder kosten sechsstellige Summen, die feinen Damen im Publikum können auch mehr zahlen. Informationen: Anzeigen in den Zeitungen, Christie's *(Tel. 62 35 38 28)*, Sotheby's *(Tel. 67 32 82 39)*

MICA [124 C2]

Das MICA-Gebäude, in dem das Ministerium für Kultur und Information untergebracht ist, ist eine ehemalige Polizeistation mit bunt angemalten Fensterläden. Unter seinem Dach finden sich interessante Galerien: *Gajah Gallery, Orchard Gallery, Art-2, Artmosaic Gallery, Soob'n Art* und *Dynasties Antique*. *140 Hill*

Street | MRT EW 13, NS 25 City Hall, NE 5 Clarke Quay

TANGLIN SHOPPING CENTRE [118 C4]

Naga Arts and Antiques, Apsara und *Antiques of the Orient* sind in diesem Einkaufszentrum zu finden. Neben Antiquitäten hat sich das zuletzt genannte Geschäft auf alte Landkarten und Fotos spezialisiert. *19 Tanglin Road | MRT NS 22 Orchard, dann Bus 36 ab Orchard Boulevard*

TOMLINSON ANTIQUE HOUSE [129 D4]

Hier gibts feine und teure Sammlerstücke aus Myanmar (Burma) und China. *460 Sims Avenue | MRT EW 9 Aljunied, dann Bus 40*

■ MÖBEL ■

Ein Ausflug nach Chinatown lohnt sich auch, wenn man auf der Suche nach Möbeln ist. Nur wenige Stücke sind noch antik – aber auch die reproduzierten Schränkchen können sehr hübsch sein.

JUST ANTHONY [129 D3] **Insider Tipp**

Eine Singapurer Institution. Große Lagerhalle mit restaurierten chinesischen Möbeln und Nachbauten aus altem Holz, außerhalb des Zentrums. *379 Upper Paya Lebar Road | nächste MRT NE 12 Serangoon, dann Bus 22, 43, 58*

TANGLIN VILLAGE (DEMPSEY HILL) ★ ▶▶ [128 C4]

In die Baracken des früheren Militärgeländes schräg gegenüber dem botanischen Garten ziehen zwar mehr und mehr Restaurants ein. Noch aber gibt es Antikläden und Galerien. Im Angebot sind chinesische Apotheker-

schränke und Buddhafiguren, Teppiche und burmesische Teak-holzmöbel – Sie sollten beim Preis aber kräftig handeln. Für die Rast zwischendurch gibt es eine Fülle guter Restaurants, Cafés und Weinstuben. *Schräg gegenüber Botanic Gardens | MRT NS 22 Orchard, dann Bus 7, 77, 106, 173, 174 ab Orchard Boulevard*

■ MUSIK ■

HMV [119 F5]
Dieser Laden ist vor allem am Wochenende ein Treffpunkt für Jugendliche. CDs in den oberen Chartpositionen sind meist zum Angebotspreis zu haben. Auf der dritten Etage befindet sich eine Klassik- und Jazzabteilung. *313 Orchard Road | MRT NS 23 Somerset | www.313somerset.com.sg*

■ SCHNEIDER & STOFFE ■

Meiden Sie die 24-Stunden-Offerten, sonst ärgern Sie sich später über schiefe Nähte und falsche Passform. Schnell und gut arbeiten die meisten Schneider in den großen Arkaden der Hotels. Ein Qualitätsanzug als Maßarbeit kostet in Singapur ab etwa 500 S$ aufwärts. Die beste Auswahl an Stoffen, vor allem die grellen Stoffe aus Indien, Seiden und Batiken, finden Sie auf der *Arab Street* [121 E4–5] | *MRT EW 12 (Bugis), dann Bus 7, 32*

Insider Tipp PEOPLE'S PARK [124 B3]
Etwas für wahre Entdecker: Im Stoffmarkt von Chinatown können Sie nach Herzenslust stöbern und feilschen. Seide oder Batik werden vor Ort geschneidert. kleine Stände bieten dazu die schönsten Knöpfe an. Viele Läden öffnen erst nachmittags.

Upper Cross Street | MRT NE 4 Chinatown

ROSSI [125 F1]
Seit drei Generationen im Geschäft. Die Verarbeitung der edlen italienischen Stoffe aber dauert. *Suntec City, #1–36 Millenia Walk | 9 Raffles Boulevard | MRT CC 4 Promenade | NS 25, EW 13 City Hall*

SERANGOON PLAZA (MUSTAFAS) [121 D3] Insider Tipp
Ein riesiges, chaotisches, indisches Kaufhaus, rund um die Uhr geöffnet. Vor allem die Stoffabteilung kann sich sehen lassen, und die Schneider stehen Spalier. *320 Serangoon Road | MRT NE 8 Farrer Park*

■ SOUVENIRS ■

Holzgeschnitzte, bunt bemalte Früchte und Tiere aus Holz oder Stockpuppen aus Indonesien, Zinnwaren aus Malaysia oder chinesische Siegelstempel, Porzellanfiguren und Jade in fast jeder Form gibt es in den vielen kleinen Shophouses in Chinatown. Beliebt sind auch Kräutertees als Mitbringsel.

CHOCOLATE RESEARCH FACILITY [125 F1]
Mögen Ihre Freunde Schokolade mit Sichuan-Pfeffer oder schwarzem Sesam? Kaufen Sie sie in einem Laden, der so gar nicht nach Konditorei aussieht, sondern den weiß gekachelten Charme eines Labors trägt. Die (teuren) Tafeln hingegen sind hübsch verpackt. Hinter dem Konzept steckt der bekannte Designer Chris Lee. Über 100 Sorten stehen zur Auswahl. *ity, #1–30 Millenia Walk | 9 Raffles Boulevard | MRT CC 4 Promenade | NS 25, EW 13 City Hall*

EU YANG SAN [124 C4]

Ein Geschäft für traditionelle chinesische Kräutermedizin, das 1879 gegründet wurde. *269 A South Bridge Road | MRT NE 4 Chinatown*

LIMS ARTS & LIVING [128 C4]

Eine Institution unter den Expats in Singapur. Hier gibt es den billigsten Weihnachtsschmuck, die preiswertesten Pashmina-Schals, Andenken in Hülle und Fülle – und alles für weniger Geld, als in den Souvenirgeschäften von Chinatown. *#02–01 Holland Road Shopping Centre, Holland Village | MRT CC 21 Holland Village, | NS 22 Orchard, dann Bus 7, 77 ab Orchard Boulevard*

RISIS

Wollen Sie eine der Orchideen Singapurs für immer mit nach Hause nehmen? Dann sind Sie bei Risis richtig: Hier bekommen Sie Singapurs Nationalblume mit Gold überzogen. *Singapore Botanic Gardens | Cluny Road* [118 A2] *| MRT NS 22 Orchard, dann Bus 7, 77, 106 ab Orchard Boulevard oder Kaufhaus C. K. Tangs im Untergeschoss | 310 Orchard Road* [119 E4] *| MRT NS 22 Orchard*

PRINTS

Sie sind in Singapur, und haben Ihr Tagebuch schon bald voll geschrieben? Kein Problem. Gehen Sie zu Prints, hier gibt es Ersatz – und das in Hülle und Fülle. Die kleinen Läden bieten die schönsten Tage- und Notizbücher, Fotoalben und Taschenkalender – billig indes sind sie nicht. *ION Orchard* [119 E4] *(2 Orchard Turn | MRT NS 22 Orchard)* oder *One*

Für jeden die passende Musik: HMV

Raffles Link #B1 12–14 | [125 E1] *| (MRT EW 13 NS 25 City Hall) |* www.prints-international.com

RAFFLES HOTEL SHOP [125 E1]

Das Geschäft im exklusiven Raffles-Hotel verkauft geschmackvolle, aber nicht eben preiswerte Souvenirs. *328 North Bridge Road | MRT EW 13, NS 5 City Hall*

ROYAL SELANGOR [124 C2]

Die traditionelle Zinnwerkstatt hat ihren Ursprung im malaysischen Kuala Lumpur. Nachdem sie jahrelang nur verstaubte Bierkrüge und Kitsch verkaufte, haben australische Designer das Programm auf Vordermann gebracht. Heute bekommen Sie hier schöne Andenken und Schmuckstücke zu erstaunlich günstigen Preisen. *3A River Valley Road | #01–01 Clarke Quay | #02–38 Raffles City Shopping Centre | MRT NE 5 Clarke Quay*

> AUF DEN PARTYMEILEN DER STADT

Diskotheken mit Technobeats und Chill-out-Locations neben chinesisch eingerichteten Bars

> Einst klang schon der Name verheißungsvoll: Machten die Briten sich doch einen Spaß daraus, „Singapur" bis in die 1970er-Jahre in „s n galore" – „Sünde satt" umzuformen.
Damit aber hatte es sich spätestens nach der Unabhängigkeit des Stadtstaates im Jahr 1965: Die neue Regierung räumte auf, führte die Zensur ein, bestrafte Drogenhandel mit dem Tod, zerschlug die Verbrecherbanden. Damit wurde die Stadt

zu einer der sichersten der Welt. Aus Sicht mancher Besucher und Bewohner aber auch ziemlich langweilig. Seit einigen Jahren nun lockert das so lange puritanisch anmutende Singapur die Sitten wieder. Die Regierung will ihr Image als Spaßbremser abstreifen, Touristen anlocken und zugleich über das Glücksspiel die Steuereinnahmen erhöhen. So wurde die Idee vom „swinging Singapore" geschaffen. Das Konzept scheint auf-

Bild: Bankenviertel mit dem Boat Quay

AM ABEND

zugehen: Auch wenn das Nachtleben noch immer nicht ganz so aufregend ist wie in anderen Metropolen der Welt, sprießen ohne Unterlass neue Bars, Kneipen und Clubs aus dem Boden. Auch das Kulturangebot ist heute relativ groß und vielfältig. Veranstaltungshinweise finden Sie in der lokalen Presse, wie zum Beispiel in der *Straits Times*. Besser noch ist das Magazin *Timeout,* das es an jedem Kiosk gibt.

■ BARS & KNEIPEN ■

Kneipen werden in Singapur ganz britisch „Pubs" genannt. Die hohen Preise fast aller zentral gelegenen Etablissements werden in der *Happy Hour* erträglicher. In einigen Lokalen gibt es dann Rabatt aufs Einzelgetränk. Üblicher ist aber das 2-für-1-Prinzip, das heißt, Sie zahlen nur für ein Glas Bier oder Wein, bekommen dafür aber zwei serviert (meist 17 bis 20 Uhr).

Die Stadt bietet eine ganze Reihe von Kneipen- und Vergnügungsvierteln, die aber von sehr unterschiedlichem Publikum frequentiert werden:

Alles selbst gebraut: Bier aus der Mikrobrauerei Brewerkz

Die laute – und teilweise überzogen teure – Ausgehmeile der Stadt liegt

am *Boat Quay* [124–125 C–D 2–3]. Treffpunkt der Szene wird mehr und mehr der renovierte ⭐ ▶▶ *Clarke Quay* und *Robertson Quay* [124 A–C2], ein paar Hundert Meter flussaufwärts.

Mehr und mehr läuft in letzter Zeit allerdings *Tanglin Village/Dempsey Hill* [118 A4–5] den Kais den Rang ab. Unter Tropenbäumen bieten die ehemaligen Kasernen rustikalen Charme und Haute Cuisine. Die Jugend Singapurs trifft sich bis weit nach Mitternacht in den Diskos entlang der ⭐ ▶▶ *Mohamed Sultan Road* [124 A–B 1–2]. Eher Touristen zieht es in die Cafés am *Emerald Hill* [119 F5] an der Orchard Road. Das ehemalige *Kloster Chijmes* [121 D6] mit seinen Restaurants und Bars hingegen wird von allen gleichermaßen geschätzt. Direkt gegenüber, im altehrwürdigen Raffles Hotel [121 D6], liegt die *Long Bar*. Hier wurde 1915 zum ersten Mal der *Singapore Sling*, Singapurs Nationalcocktail, gemixt. Heute schmeckt er in anderen Bars besser – trotzdem lohnt die Long Bar den Besuch schon wegen ihrer Aura.

BREWERKZ ▶▶   [124 C2]

Das riesige Kneipenrestaurant am Clarke Quay beherbergt eine Mikrobrauerei, in der das Bier frisch gebraut wird. Es schmeckt nicht nur gut, sondern kostet auch weniger als in vielen anderen Kneipen. *Mo–Do 12–0, Fr–Sa 12–1, So 11–0 Uhr | 30 Merchant Road | 01–05 Riverside Point | MRT NE 5 Clarke Quay*

INSOMNIA@CHIJMES ▶▶   [121 D1]

Eine Institution im Stadtstaat. In Bar und Restaurant treten Livebands auf.

So–Di 11–3, Mi–Sa 11–5 Uhr | 30 Victoria Street | #01–21/22/23 Chijmes | MRT CC 2 Bras Basch, NS 25, EW 13 City Hall

NEW ASIA BAR ☀ [125 E1]

Trinken mit Ausblick – und das vom 71. Stockwerk des Swissôtel herab. Internationale Discjockeys legen hier auf und sorgen für die richtige Atmosphäre unter dem Himmel aus Gold und Bernstein. *So–Di 15–1, Mi/Do 15–2, Fr/Sa 15–3 Uhr | 2 Stamford Road | MRT NS 25, EW 13 City Hall*

SOUTHBRIDGE JAZZ @7ATENINE [125 E2]

Insider Tipp

Lokale Jazzgrößen und solche auf Durchreise machen hier Station. Essen wird an der frischen Luft serviert, Funk und Jazz dann im Club *Mo–Fr ab 17, Sa/So ab 24 UhrEsplanade Mall #01–10–12 The Esplanade | Raffles Avenue | CC 3 Esplanade | NS 25 EW 13 City Hall*

■ CLUBS & DISKOTHEKEN ■

Es gibt so viele Diskotheken in Singapur, dass in einigen vor Sonntag– bis Donnerstagnacht Leere herrscht. Entsprechend sind die Eintrittspreise, die meist ein Getränk einschließen, an diesen Tagen nicht ganz so hoch. Am Wochenende sind die meisten Läden übervoll, dann finden zu späterer Stunde nur noch Mitglieder Eintritt.

THE BUTTER FACTORY [125 E3]

Direkt an der Marina Bay gelegen, bietet der Club über mehrere Stockwerke eine Mischung aus Hip-Hop, Urban Grooves und Electro-Sound. Nach dem Abtanzen locken der Blick aufs Wasser oder ein Morgenspaziergang am Singapore River. *Mi 22–1, Do 21–2, Fr 10–4, 10–4 UhrOne Fullerton #02–02/03/04 | 1 Fullerton Road | MRT NS 26 EW 14 Raffles Place | www.thebutterfactory.com*

THE CLINIC/ZIRCA ★ ▶▶ [124 C2]

Ein neues Konzept für eine Ansammlung von Bars, Lounges und Tanzclubs unter einem Dach. Vom niederländischen Architektenteam Concrete entworfen, bietet die Klinik etwas für jeden Geschmack. Auf 15000 m^2 finden sich Clubs und Restaurants, unter ihnen das Zirka, in dem viele DJs aus dem Ausland

MARCO POLO HIGHLIGHTS

★ **Clarke Quay**
Die beste Ausgehmeile direkt am Singapore River (Seite 78)

★ **Mohamed Sultan Road**
Hier trifft sich die Jugend (Seite 78)

★ **The Clinic/Zirka**
Zu Risiken und Nebenwirkungen lesen Sie die Packungsbeilage und fragen Sie Ihren Arzt oder Apotheker (Seite 79)

★ **Cocoon**
Schwelgen im Schutz von Terrakottawächtern (Seite 80)

★ **Zouk**
Singapurs bekannteste Diskothek (Seite 81)

★ **Esplanade**
Südostasiens größtes Konzerthaus bietet für jeden Kulturfan etwas (Seite 82)

aufbauen. Am Wochenende Konzerte und internationale DJs. *Mi–Sa 22–4 Uhr, Amino Lounge tgl. ab 17.30 Uhr | Block C The Cannery, Clarke Quay | MRT NE 5 Clarke Quay | www.thec-linic.sg*

COCOON ⭐ [124 C2]

Der jüngste Coup der Indochine-Gruppe in Singapore: Riesige Terra-kottawächter stehen am Eingang, dahinter im Erdgeschoss die Bar Cocoon, im Obergeschoss das Restaurant *Madame Butterfly*. Opiumbetten, Seidenkissen und Kristallleuchter sorgen für Opulenz. *Tgl. 17–6 Uhr | 3 A Merchant's Court | River Valley Road #01–02 | MRT NE 5 Clarke Quay*

GASHAUS [121 B5]

Die Disko mit angeschlossenem Musikclub steht für die Wiederbelebung des früheren Rotlichtviertels Bugis. Eine „Jam-Werkstatt" lädt die lokalen Musiker ein. Das Gashaus hat in kurzer Zeit einen Ruf als Veranstaltungsort für junge Gruppen erworben. *Mo–Fr 9.30–1, Sa/So 9.30–2 Uhr | 114 Middle Road | #01–C0 | MRT EW 12 Bugis*

SHANGHAI DOLLY [124 C2]

Nachempfunden dem Shanghai-Chic der 1930er-Jahre. Hier bekommen Sie auch Canto-Pop von Größen wie Jia Qi geboten. Im zweiten Stock gibt es eine Pianobar. Im Komplex befindet sich auch das Restaurant Dolly Kit-

> BÜCHER & FILME
Singapurs Jungfilmer erobern Europa

> *www.yoursingapore.com* – Die Internetseite der Tourismusbehörde bietet eine ausführliche Liste englischsprachiger Bücher zu Singapur.

> **Allmayers Wahn** – *Joseph Conrads* Reisebeschreibung erzählt von einem Europäer im kolonialen Singapur.

> **Der Löwe von Singapur** – Der britische Ethnologe *Nigel Barley* veröffentlichte 1996 sein Buch, das sich mit dem Leben des Singapur-Gründers Sir Stamford Raffles (1781 bis 1826) beschäftigt.

> **Singapur: Metropole im Wandel** – *Manfred Kieserling* hat zehn Aufsätze zusammengetragen, in denen das Leben im kleinen Tropenland unter verschiedenen Aspekten betrachtet wird.

> **Singapore: The Airconed Nation** – Die hervorragenden Essays des Journalisten *Cherian George* sind in der Tageszeitung Straits Times veröffentlicht worden und erklären, wie Politik in Singapur funktioniert.

> **12 Storeys** – Der preisgekrönte Film des Singapurers *Eric Khoo Kim Hai* beschreibt eindrücklich und mit satirischem Unterton das Leben in den staatlich geförderten Wohnanlagen der Durchschnitts-Singapurer. Auch Khoos Film „Be with me" war 2005 beim Filmfestival in Cannes dabei.

> **I not stupid** – ist im Stadtstaat Legende und geflügeltes Wort. Der kritische Filmemacher *Jack Neo Chee Keong* hat darin die Singapurer Gesellschaft unter die Lupe genommen.

Im Equinox-Komplex sind mehrere Bars und Restaurants untergebracht

chen, zum Essen aber werden Sie kaum hier sein. *So–Do 18–3, Fr/Sa 18–4 Uhr#01–01 Block B The Foundry | Clarke Quay | MRT NE 5 Clarke Quay*

VELVET DRAGON [124 B2]

Sechs Bars erwarten das meist jüngere Publikum. Große Spiegel, violette Sofas und üppiges Dekor laden zum Verweilen. Käfige bereichern den Tanzboden. *Mi–So 21–5 Uhr | 5 Magazine Road | Central Mall, #01–02 | MRT NE 5 Clarke Quay*

STEREOLAB/STEREOLOUNGE [125 F1]

Hier verkehren die Schönen, die Reichen und diejenigen, die jene gern treffen würden. Hardcorefans ergötzen sich im Stereolab und Stereolounge vor allem am Sound, der als der beste Singapurs gilt. Die Clubs selber werben ganz unverblümt mit ihrem Glamourfaktor. Spätestens, seit Richard Branson und Bernie Ecclestone während der Formel-1-Rennen hier zu Gast waren, geht in der eh edlen Adresse Optik vor Klang. *Lounge*

Mo–Sa 17–1 Uhr | Pan Pacific Hotel | 7 Raffles Boulevard | CC 2 Esplanade | NS 25 EW 13 City Hall | www.stereolounge.sg

ZOUK ⭐ [123 F2]

Singapurs bekannteste Diskothek ist immer voll und zieht bekannte DJs aus der ganzen Welt an. In drei Lagerhallen sind drei verschiedene Diskotheken mit unterschiedlichen Musikrichtungen untergebracht: *Zouk, Phuture* und *Velvet Underground. Zouk und Phuture: Mi–Sa 19–3 Uhr | Velvet Underground: Di–Sa 21–3 Uhr | 17 Jiak Kim Street | MRT NS 25, EW 13 City Hall, dann Bus 16, NR 5 | www.zoukclub.com*

■ KINOS ■

Singapurer lieben Kino. In vielen großen Einkaufszentren entlang der *Orchard Road*, in *Vivo City* und im restaurierten Art-déco-Haus *The Cathay* befinden sich im Obergeschoss Kinos. Die Kürzel der Zensur sind eine Wissenschaft für sich. So bedeutet *G* (general) für jedermann ge-

eignet, *PG* (parental guided) verlangt die Begleitung durch die Eltern. *NC 16* (no children) bedeutet, dass der Film erst ab 16 zugänglich ist. *M 18* (mature) schließlich steht für Filme nur für Erwachsene.

■ KONZERTE, THEATER, BALLETT

Klassische und moderne Theaterstücke, Konzerte, Musicals und Ballettaufführungen gibt es an allen Wochentagen. Die meisten Veranstaltungen werden in *The Esplanade Theatres on the Bay* [125 E2] (s. S. 29) aufgeführt. Ein schöner Veranstaltungsort ist das altehrwürdige *Victoria Theatre* [125 D2] (9 Empress Place | Tel. 63 38 82 83). Tickets für

>LOW BUDGET

> Wem der Sinn nach Rockmusik steht, der macht sich auf zur *Esplanade* [125 E2] (Bus 77, 171, 174, 36 | MRT CC 3 Esplanade | EW 14, NS 26 Raffles Place | NS 25, EW 13 Cityhall | *www.esplanade.com*). Nein, Sie brauchen keine Eintrittskarte für 100 Dollar. Denn auf der Rückseite der Konzerthalle, direkt am Wasser, geben sich Singapurs Rockmusiker auf der Open-Air-Bühne ein kostenloses Stelldichein *(Fr–So 19.30–22 Uhr)*.

> Sehr poetisch kommt Singapurs jüngstes Lieblingshobby daher: Beleuchtete Drachen kreisen über dem Singapore River. Die Flugkünste können Sie jeden Abend, sofern es nicht regnet, ab 20.30 Uhr gegenüber dem Clarke Quay am Riverside Point [124 B2] sehen *(Bus 12, 33 | MRT NE 5 Clarke Quay, dann zu Fuß)*

die meisten kulturellen Veranstaltungen vertreibt die zentrale Vorverkaufsstelle *sistic (zum Beispiel Wisma Alusia* [119 E5], 435 Orchard Road, Level 1, Concierge | MRT NS 22 Orchard | Tel. 63 48 55 55 | www.sistic.com.sg).

CHINESISCHE STRASSENOPER [124 B4]

Bei festlichen Anlässen (vor allem beim Fest der hungrigen Geister) auf den Straßen Bühnen aus Bambusgerüsten und Planen aufgebaut. Allabendlich spielen dann üppig ausstaffierte und reich geschminkte Opernstars mit schrillem Falsett stundenlang Legenden aus Chinas Geschichte nach.

Auch wenn gerade kein chinesisches Fest stattfindet, können Sie Chinas Opernkünste kennen lernen: Jeden Freitag– und Samstagabend veranstaltet der *Chinese Theatre Circle*, eine traditionelle chinesische Truppe, Aufführungen von populären Kantonopern in seinem Teehaus in Chinatown. *Fr, Sa 19–21 Uhr | 5 Smith Street | Eintritt inkl. Abendessen 35 S$ | MRT NE 4 Chinatown | Tel. 63 23 48 62 | www.ctcopera.com.sg*

KONZERTE ✺

1979 wurde das Singapore Symphony Orchestra gegründet, und seither gibt es mehr oder minder regelmäßig Konzerte an Freitag– und Samstagabenden. Infos über Veranstaltungen erhalten Sie im *The Esplanade Theatres on the Bay* [125 E2] oder auf *www.sso.org.sg*. Die ★ Esplanade ist auch der Ort für die zahlreichen Gastspiele weltbekannter Solisten und Orchester.

AM ABEND

An Sonntagen finden auch Konzerte im *Musikpavillon des Botanischen Gartens* von Singapur [118 A3] statt mit Jazz, Klassik und zuweilen auch Popmusik. Immer häufiger gibt es am Wochenende Openairkonzerte im Innenhof vom *Chijmes*. Ab und zu werden auch im *Fort Canning Park* [124 C1] ▶▶ Musikfestivals veranstaltet. In der *Jubilee Hall* im *Raffles Hotel* [121 D6] gibt es meist kleinere Konzerte.

Aufführungen von klassischer chinesischer Musik organisiert regelmäßig die *Nanyang Academy of Fine Arts* (Tel. 62 21 55 85 | www.nafu.edu.sg). Wenn Sie Interesse an indischen Musik- und Tanzdarbietungen haben, wenden Sie sich am besten an die *Singapore Indian Fine Arts Society* (Tel. 62 99 59 29 | www.sifas.org).

THEATER

Noch immer unterliegt das Theaterschaffen in Singapur der staatlichen Zensur. Experimentierfreudige Theatergänger besuchen das *Action Theatre* [120 C6], in einem restaurierten Vorkriegsbungalow (42 Waterloo Street | Tel. 68 37 08 42 | MRT EW 12 Bugis | www.action.org.sg) oder ▶▶ *The Substation* [125 D1] (45 Armenian Street | Tel. 63 37 75 35 | MRT CC 2 Bras Bazah, dann Bus 197 | NS 25, EW 13 City Hall | www.substation.org). Die derzeit beste englischsprachige Theaterbühne Singapurs ist das *Singapore Repertory Theatre/DBS Arts Centre* [124 B2]. Nach der Vorstellung lohnt sich ein Rundgang im Kneipen- und Kulturviertel am Singapore River. 20 Merbau Road | Tel. 62 21 55 85 | MRT NE 5 (Clarke Quay) | www.srt.com.sg

Legenden aus dem Reich der Mitte: Chinesische Straßenopern sind ein besonderes Erlebnis

> SCHLAFEN IM SHOPHOUSE

Neben den modernen Luxushotels eröffnen nun auch in Singapur charmante und günstige Häuser

> Die Auswahl der Spitzenhotels ist fast unbegrenzt. Allein der Kasino- und Tagungskomplex Marina Bay Sands bietet 2400 Betten. Fünf Hotels – unter ihnen Singapurs erstes Hard Rock Hotel – finden sich rund um das andere Kasino auf Sentosa.

Sie können auch im Kolonialbau wohnen, wie im edlen Raffles, im kleinen Designerhotel aus ehemaligen chinesischen Shophouses wie im The Scarlett oder in einem schönen Strandhotel, wie dem Capella. Um sich für Rucksackreisende interessanter zu machen fördert die Stadt inzwischen die Gründung von Backpacker Hotels. Grundsätzlich gilt: Je weiter entfernt das Hotel von den Touristenpfaden und Einkaufszentren ist, also von Orchard Road und Scots Road, desto geringer der Preis – und angesichts der niedrigen Kosten für Busse, MRT oder Taxis kann es sich finanziell sehr lohnen, weitere Wege

Bild: Raffles Hotel.

ÜBER
NACHTEN

in Kauf zu nehmen. Falls Singapur für Sie Zwischenstation auf dem Weg nach oder von Bali oder Australien ist, dann fragen Sie Ihr Reisebüro oder die Fluggesellschaft nach einem Stop-over-Hotel. Das kann bis zu 50 Prozent Rabatt einbringen. Zudem unterhält die *Singapore Hotel Association* am Flughafen Changi Schalter, die rund um die Uhr geöffnet sind und über die nicht ausgebuchte Hotels ihre Last-Minute-Zimmer billiger ab-

geben. Hotels sind im Internet erreichbar über *www.stayinsingapore. com.sy* oder *www.discount-singapore-hotels.com*.

■ HOTELS €€€

CONRAD CENTENNIAL
SINGAPORE [125 F1]

Manager der großen deutschen Firmen steigen hier nicht ohne Grund ab: Das von einem Deutschen hervorragend geführte Haus mit seinen

HOTELS €€€

Shophouse-Ambiente im Inter Continental

484 Zimmern liegt mitten im Geschäftsbezirk Suntec City. *2 Temasek Boulevard | Tel. 63 34 88 88 | Fax 63 33 91 66 | http://conradhotels1. hilton.com/en/ch/hotels/index.do?cty hocn=SINCICI | MRT CC 3 Esplanade, EW 13, NS 25 City Hall, dann Bus 36*

INTER CONTINENTAL [121 D6]

Das Haus gehört zum Shopping- und Bürokomplex Bugis Junction. Bei modernstem Komfort können Sie sich in den etwas teureren Shophouse-Zimmern ein wenig wie in Alt-Singapur fühlen. *406 Zi | 80 Middle Road | Bugis Junction | Tel. 63 38 76 00 | Fax 63 38 73 66 | singapore@interconti. com | MRT EW 12 Bugis*

NAUMI [121 D6]

Das Luxus-Boutique-Hotel im Schatten seines großen Vorfahren Raffles besitzt nur 40 Suiten. Die aber haben es in sich: Denn sie sind individuell eingerichtet. Für den Work-out am Morgen bietet jeder Raum eine Yogamatte, unter elektronischen Spielgeräten wie Xbox oder Nintendo Wii dürfen Sie wählen. Rund um die Uhr hilft Ihnen ein Butler. Service wird das Naumi groß schreiben – schließlich zählt es zu den besten kleinen Hotels der Welt. *41 Seah Street | Tel. 64 03 60 00 | Fax 64 03 60 70 | www.naumihotel.com | MRT NS 25, EW 13 City Hall*

NEW MAJESTIC HOTEL ⭐ [124 B4]

Als Anwalt Loh Lik Peng daheim keinen Platz mehr für seine Möbelsammlung hatte, restaurierte er ein baufälliges Haus in Chinatown und machte ein Hotel daraus. Dessen 30 Zimmer ließ er von asiatischen Designern gestalten. *31–37 Bukit Pasoh Road | Tel. 65 11 47 00 | Fax 62 27 33 01 | www.newmajestic hotel. com | MRT EW 16, NE 3 Outram Park*

RAFFLES THE PLAZA UND
SWISSÔTEL THE STAMFORD 🌿 [125 E1]

Die beiden Hoteltürme über dem Einkaufszentrum Raffles City haben zusammen insgesamt 2049 Zimmer. Der höhere Turm ist das Swissôtel The Stamford. Vor allem aus den oberen Stockwerken ist die Aussicht über die Stadt und über die Inseln ausgesprochen beeindruckend. Die Hotels verfügen gemeinsam über 16 Restaurants. Die höchstgelegener sind das *Jaan* und das *Equinox 2 Stamford Road | Tel. 63 38 58 85 Fax 63 38 28 62 | www.rafflescityho tels.com | MRT NS 25, EW 13 City Hall | Angaben gelten für beide Hotels*

ÜBERNACHTEN

■ HOTELS €€ ■

ALBERT COURT VILLAGE HOTEL [120 C4]
Kleines, gemütliches Hotel in der Nähe von Little India, für seine Freundlichkeit bekannt. *136 Zi. | 180 Albert Street | Tel. 63 39 39 39 | Fax 63 39 32 52 | www.albertcourt.com.sg | MRT NE 7 Little India*

BAYVIEW HOTEL SINGAPORE [120 C5]
Kein Luxus, aber alles, was nötig ist, ist drin in diesem Haus mit 117 Zimmern, auch ein Swimmingpool. Nur wenige Gehminuten bis zur Orchard Road. *30 Bencoolen Street | Tel. 63 37 28 82 | Fax 63 38 28 80 | www.bayviewhotels.com/singapore | MRT CC1 NS 24, NE 6 Dhoby Ghaut, dann Bus 64, 65*

COPTHORNE KING'S HOTEL, FURAMA RIVERFRONT, HOLIDAY INN ATRIUM, MIRAMAR, RIVER VIEW [123 F2–3]
Diese fünf Hotels mit zusammen 1965 Zimmern liegen dicht beieinander am Kneipenviertel Clarke Quay, aber weit von den Einkaufs- und Geschäftsstraßen Singapurs entfernt. Deshalb sind die Preise für die Übernachtungen bei ansonsten reichhaltigem Angebot relativ günstig. Außer dem Furama Riverfront haben alle anderen Hotels auch einen Swimmingpool. *Copthorne King's Hotel: 403 Havelock Road | Tel. 67 33 00 11 | Fax 67 32 57 64 | www.copthornekings.com.sg | Furama Riverfront: 415 Havelock Road | Tel. 63 33 88 98 | Fax 67 33 15 88 | Holiday Inn Atrium: 317 Outram Road | Tel. 67 33 01 86 | Fax 67 33 09 89 | www.holiday-inn.com | Miramar: 401 Havelock Road | Tel. 67 33 02 22 | Fax 67 33 40 27 | www.miramar.com.sg | River View: 382 Havelock Road | Tel. 67 32 99 22 | Fax 67 32 10 34 | www.riverview.com.sg | MRT NE 5 (Clarke Quay), dann Bus 51*

GALLERY HOTEL ⭐ [124 A2]
Das erste Boutique-Hotel Singapurs. Ein bunter Fleck mitten im Szene-

MARCO POLO HIGHLIGHTS

⭐ **New Majestic Hotel**
Vom Designsammler für Designfans (Seite 86)

⭐ **Gallery Hotel**
Very stylish bis hin zum Schwimmbecken auf dem Dach (Seite 87)

⭐ **Perak Hotel**
Hübscher Gasthof im Herzen Little Indias (Seite 89)

⭐ **The Scarlet**
Klein, sehr fein – und mitten in Chinatown (Seite 89)

⭐ **1929**
Junger Chic im alten Shophouse in Chinatown (Seite 89)

⭐ **Raffles Hotel**
Die Institution unter den Hotels Singapurs (Seite 88)

⭐ **Capella Singapore**
Elegant am Strand von Sentosa (Seite 88)

⭐ **YMCA International House**
Keine Jugendherberge – ein gutes Hotel zum Spottpreis (Seite 91)

viertel Clarke Quay mit einem spektakulären Pool auf dem Dach. *223 Zi. | 1 Nanson Road | Tel. 68 49 86 86 | Fax 62 35 35 90 | www.galleryhotel. com.sg | MRT NE 5 Clarke Quay, dann Bus 51*

THE INN AT TEMPLE STREET [124 C4]
Das 1998 im Herzen von Chinatown eröffnete Hotel erstreckt sich über fünf restaurierte Shophouses. Die attraktive Einrichtung im Peranakan-Stil, einer Mischung aus chinesischen, malaysischen und europäischen Möbeln und Farben, erinnert an die reiche kulturelle Tradition der Nachbarschaft. *36 Temple Street Tel. 62 21 53 33 | Fax 62 25 53 9. | www.theinn.com.sg | MRT NE 4 Chinatown*

LANDMARK VILLAGE HOTEL [12' E5]
Von den meisten der 393 Zimmer hat man einen schönen Blick auf das alte malaiische Viertel Singapurs. Etliche deutsche Reiseveranstalter haben das

> LUXUSHOTELS
Exquisites Wohnen und Übernachten

CAPELLA SINGAPORE [126 C4]
Schöner geht es kaum noch. Der von Norman Foster erweiterte Kolonialbau blickt über die offene See. Zimmer und Küche sind Spitzenklasse. *Zimmer ab 500 S$ | Sentosa, von Vivo City (MRT CC 29, NE 1 Harbourfront) mit dem Sentosa-Express (S2 Imbiah) oder mit dem Bus, Abholservice ist möglich | Tel. 63 77 88 88 | Fax 63 37 34 55 | www.capellasingapore.com*

THE FULLERTON [125 D3]
Die neueste Luxusherberge Singapurs in einem Kolonialgebäude am Boat Quay. *400 Zimmer ab 450 S$ | Suiten bis 6000 S$ | 1 Fullerton Square | Tel. 67 33 83 88 | Fax 67 35 83 88 | www.fullertonhotel. com | MRT NS 26, EW 14 Raffles Place*

RAFFLES HOTEL ⭐ [121 D6]
Die Hotellegende ist seit der prachtvollen Wiederauferstehung luxuriös wie nie zuvor. *104 Suiten ab 650 bis 6000 S$ | 1 Beach Road | Tel. 63 37 18 86 | Fax 63 39 76 50 | www.raffles.com | MRT NS 25, EW 13 City Hall*

THE RITZ-CARLTON
MILLENIA [125 F2]
Das 32 Stockwerke hohe Haus hat unzählige Preise gewonnen. Seine 610 Zimmer sind mit amerikanischer Kunst ausgestattet und bieten mehr Platz als viele andere Hotelzimmer der Luxusklasse. Besonders stolz ist das Management auf den Panoramablick auf die Stadt. *Zimmer ab 460 S$ Suiten ab 700 S$ | 7 Raffles Avenue | Tel. 63 37 88 88 Fax 63 38 00 01 | www. ritzcarlton.com/hotels/singapore | MRT CC3 Esplanade, NS 25, EW 13 City Hall, dann Bus 36, 77, 106*

SHANGRI-LA [11B C3]
Das Hotel wirbt nicht mit seinem exzellenten Service, auch nicht mit dem High Tea in der Rose Veranda, nein, der stolz ist die weitläufige Gartenanlage. *760 Zimmer ab 375 S$ | Suiten bis 3200 S$ | 22 Orange Grove Road | Tel. 67 37 36 44 | Fax 57 37 32 57 | www.shangri-la.com | MRT NS 22 Orchard, dann Taxi oder zu Fuß*

ÜBERNACHTEN

gut ausgestattete Haus in ihrem Programm. Das Hotel mit Sw:mmingpool ist ausgesprochen preiswert, weil es weitab von den großen Einkaufsstraßen liegt. *390 Victoria Street | Tel. 62 97 28 28 | Fax 62 98 20 38 | www.goldenlandmark.com.sg | MRT EW 12 Bugis*

THE SCARLET ⭐ ▶▶   [124 C4]

Die Lage im Herzen von Chinatown ist toll, die Einrichtung überwältigend: Roter Brokat, opulentes Gold und Schwarz schaffen Barockatmosphäre, die Portiers tragen Livree. Für das Hotel wurden Anfang 2005 die Shophouses entlang einer ganzen

Das renovierte Fullerton Hotel behielt seine klassizistische Fassade

PERAK HOTEL ⭐   [121 D4]

Geschmackvoll eingerichtet ist dieses hübsche kleine Hotel und Gasthaus in einem renovierten Peranakan-Haus im Stadtteil Little India. Es wird privat geführt, und die freundlichen Mitarbeiter geben sehr gerne Tipps, wie die Umgebung zu erkunden ist. *34 Zi. | 12 Perak Road | Tel. 62 99 77 33 | Fax 63 92 09 19 | www.peraklodge.com | MRT NE 7 Little India*

Straße miteinander verbunden und renoviert. *5 Suiten | | 79 Zi. | 33 Erskine Road | Tel. 65 11 33 33 | Fax 65 11 33 03 | www.thescarlethotel. com | MRT NE 4 Chinatown*

1929 ⭐   [124 B4]

Dieses Haus ist der preiswertere Ableger des schicken New Majestic Hotels. Auch hier wohnt man in einem restaurierten Bau im Herzen Chinatowns, sind die Zimmer möb-

liert mit Designerchic. Aber es gibt keinen Swimmingpool. *32 Zi. | 50 Keong Saik Road | Tel. 63 47 19 29 | Fax 63 27 19 29 | www.hotel1929. com | MRT EW 16, NE 3 Outram Park*

■ HOTELS € ■

BENCOOLEN HOTEL [120 C5]

Diese Herberge direkt im Herzen des Kunst- und Kolonialviertels Singapurs ist bei Rucksacktouristen besonders beliebt. Es gibt insgesamt 69 Zimmer, die über internationale Selbstwähltelefone und Fernseher

verfügen. Darüber hinaus bietet das Haus ein Restaurant und einen Wäscheservice. *47 Bencoolen Street | Tel. 63 36 08 22 | Fax 63 36 22 30 | MRT NS 24, NE 6 Dhoby Ghaut, dann Bus 64, 65*

BROADWAY [121 D3]

Dieses Hotel liegt zwar weitab vom Zentrum, aber dafür mitten in Little India. Die 63 Zimmer haben Selbstwähltelefone, es gibt einen Coffeeshop und ein Restaurant. *195 Serangoon Road | Tel. 62 92 46 61 | Fax 62 91 64 14 | MRT NE 8 Farrer Park | Bus 23, 64, 65, 66*

HANGOUT@MT.EMILY [121 B4] Insider Tipp

Von der Tourismusbehörde Singapurs ausgezeichnete, moderne aber preiswerte Lodge. Die Zimmer haben Klimaanlage und Bad, die Schlafsäle bieten jeweils fünf bis sieben Betten. Das Besondere: Je ein Dollar des Zimmerpreises spenden die Betreiber an Wohlfahrtsorganisationen. *54 Zi. | 10 A Upper Wilkie Road | Tel. 64 38 55 88 | Fax 63 39 60 08 | www. hangout-hotels.com | MRT CC 1 NE 6, NS 24 Dhoby Ghaut, dann Bus 64, 65, 139*

ROBERTSON QUAY HOTEL [124 B2]

Von außen bietet das runde Gebäude wenig, doch liegt es sehr günstig direkt an der Ausgehmeile Singapurs und hat außerdem einen Pool auf dem Dach. Auch die Orchard Road und die Geschäftsbezirke sind von hier aus schnell zu erreichen. *150 Zi. | 15 Merbau Road | Tel. 67 35 33 33 | Fax 67 38 15 15 | www.robertson quayhotel.com.sg | MRT NE 5 Clarke Quay*

>LOW BUDGET

> Sie müssen nicht unbedingt in einem Hotel übernachten. Auch in der Tropenmetropole dürfen Sie zelten – zum Beispiel kostenlos im *East Coast Park* [129 D4]. Dort können Sie einfach ein mitgebrachtes Zelt aufbauen, ein Parkwächter wird vorbeikommen und Ihre Personalien aufnehmen *(Tel. 1800/471 73 00 | Bus 16 bis Marine Terrace, dann durch die Unterführung bis zum East Coast Park | MRT EW 5 Bedok, weiter mit Bus 31,197 | www.nparks. gov.sg)*.

> Schön klingt der Name, billig sind die Betten im Schlafsaal der *Betel Box* [129 D4]. Das Hostel im Peranakan-Stadtteil Katong bietet Pritschen ab 20 S$ an. Familienzimmer kosten 60 S$. Für 8 S$ fährt der Beesy-Bus vom Flughafen zum Hotel. *200 Joo Chiat Road | Tel. 624 77 34 | www.betelbox.com | | CC 9 EW 8 Payar Lebar*

Insider Tipp

THE ROYAL PEACOCK [124 B4]

In einer renovierten Häuserzeile im Herzen Chinatowns verbergen sich 73 Zimmer und sechs Suiten. Gelegen im ehemaligen Rotlichtviertel der Stadt ist das Peacock heute umgeben von Bars und Restaurants. *55 Keong Saik Road | Tel. 62 23 35 22 | Fax 62 21 17 70 | www.royalpeacock hotel.com | MRT EW 16, NE 3 Outram Park*

STRAND [120 C6]

Die 130 funktional eingerichteten Zimmer haben Fernseher mit Videoprogramm, es gibt eine Lounge mit Livemusik und einen Coffeeshop. Günstige Lage mitten im Zentrum. *25 Bencoolen Street | Tel. 63 38 18 66 | Fax 63 38 13 30 | www.strandhotel.com.sg | MRT CC 1, NS 24, NE 6 Dhoby Ghaut, dann Bus 64, 65*

SUPREME [120 A5]

Aus einem Teil der 86 Zimmer blickt man über eine Stadtautobahn auf den Park des Präsidentenpalasts, aus dem anderen Teil auf das Hotel Meridien. Die eher kleinen Räume sind mit Fernseher, internationalem Selbstwähltelefon und schlichten Rattanmöbeln ausgestattet. Bis zur Orchard Road sind es zu Fuß knapp fünf Minuten. *15 Kramat Road | Tel. 67 37 83 33 | Fax 67 33 74 04 | www.supremeh.com.sg | MRT NS 23 Somerset*

YMCA INTERNATIONAL HOUSE UND YMCA METROPOLITAN ★ [120 B6] [118 C2]

Sie brauchen weder christlich noch jung noch männlich zu sein, um in einem der beiden Häuser wohnen zu

Günstig und dennoch mit allem Komfort ausgestattet: YMCA International House

können. Nur schnell genug: Angesichts des sehr günstigen Preis-Leistungs-Verhältnisses ist vor allem beim zentral gelegenen International House der Andrang ziemlich groß. Die für diese Preisklasse überraschend üppige Ausstattung mit Pool und Squashplätzen, Fitnesscenter, Coffeeshop und internationalen Selbstwähltelefonen in den einfach eingerichteten Zimmern gibt es jedoch auch im etwas abgelegeneren Metropolitan. *International House: 106 Zi. 1 Orchard Road | Tel. 63 36 60 00 | Fax 63 37 31 40 | www.ymcaih.com.sg | MRT CC 1, NS 24, NE 6 (Dhoby Ghaut) | YMCA Metropolitan: 92 Zi. | 60 Stevens Road | Tel. 68 39 83 33 | Fax 62 35 55 28 | www.mymca.org.sg | MRT NS 22 Orchard, dann Bus 190 ab Orchard Boulevard*

DSCHUNGELFEELING INKLUSIVE

Wer glaubt, Singapur sei kein Ort für Kinder,
bringt seinen Nachwuchs um phantastische Erlebnisse

> Mit Kindern in eine überhitzte, vor
Menschen brummende Tropenmetropo-
le? Was sich zunächst nach keiner guten
Idee anhört, kann sich als hervorragender
Einfall erweisen. Denn Singapur ist überaus kinderlieb. In keinem Restaurant fehlt
ein Kinderstuhl. Viele Menschen werden
Ihren Kleinen auf der Straße zulächeln –
besonders, wenn sie blond sind. Dabei
bietet die Inselstadt mehr, als nur ihren
berühmten Zoo und die Freizeitinsel
Sentosa, auf der Sie mit Kindern einen
ganzen Tag verbringen können. Tipps
bekommen Sie auf der offiziellen Websi-
te *www.yoursingapore.com* unter der –
etwas versteckten – Kategorie *family fun.*
Die besseren Tipps für Abenteuer in der
Stadt finden Sie jedoch unter *www.
nparks.gov.sg,* dann *visitor's guide, acti-
vities* und *family fun* eingeben. Vergessen Sie aber niemals einen adäquaten
Sonnenschutz und das Einreiben der Kinder mit einem Anti-Mücken-Mittel –
Stechfliegen, die auch ernste Krankheiten
übertragen können, lauern auch auf
Spielplätzen.

NATUR PUR

Neben Zoo, Sentosa, Botanischem Garten
und Fort Canning Park können Sie sich
auch in den Dschungel vorwagen. Das
MacRitchie Reservat [128 C4] ist ein Na-
tionalpark, der auch älteren Kindern ohne
Lust auf lange Wanderungen Spaß macht.
Besonders der *HSBC Tree Top Walk* über
eine 250 m lange Hängebrücke in den
Baumwipfeln sorgt für Spannung. Natürlich werden Sie auch Affen sehen –
füttern aber ist streng verboten (*Di–Fr
9–17, Sa/So 8.30–17 Uhr | Upper Thomson
Road Höhe Venus Drive | Bus 132 ab
Orchard Road | Eintritt frei*). Am südlichen
Parkeingang können Sie Kajaks buchen,
mit denen Sie eine Runde über den See
und unter Dschungelbäumen drehen –
Indianerfeeling inklusive. *Paddle Lodge |
Lornie Road | Di–So 9–18 Uhr | MRT NS 22
Orchard, dann Bus 167 ab Orchard Boul-
levard | Kajak 10 S$/Std.*

PASIR RIS PARK   [129 E3]

Der Küstenpark bietet tagesfüllende Attraktionen: *Downtown East* mit *Wild Wild*

Inside Tipp

Inside Tipp

> MIT KINDERN UNTERWEGS

Wet ist bestimmt von seiner riesigen Wasserrutsche *(Mo, Mi–Fr 13–19, Sa, So, feiertags 10–19 Uhr | 1 Pasir Ris Close | Bus 3, 89 von MRT EW 1 Pasir Ris | Erwachsene 12,90 S$, Kinder 8,80 S$)*, der *Escape Theme Park* ist eine ganzjährige Kirmes *(nur Sa, So, feiertags 10–20 Uhr | Erwachsene 13,80 S$, Kinder 9,40 S$)*. Singapurs erster Ponyhof heißt Gallop Stable. Nebenan liegt ein großer Kinderspielplatz. *Tgl. 8–12 und 14–19 Uhr | 51 Pasir Ris Green | MRT EW 1 Pasir Ris, dann Bus 403 oder zu Fuß | ab 10 S$.*

REGENTAGE

Besuchen Sie bei Regen das *Singapore Discovery Centre* **[128 B4]** *(Di–Fr, So 10–18, Sa 10–20 Uhr | 510 Upper Jurong Rd. | Bus 193, 182 von MRT EW 27 Boon Lay | Erwachsene 10 S$, Kinder 6 S$)*, wo sie an alle Arten der Technik herangeführt werden. Im ⭐ *Singapore Science Centre* **[128 B4]** *(Di–So 10–18 Uhr | 15 Science Centre Road | Bus 335 von MRT EW 24, NS 1 Jurong East | Erwachsene 10 S$, Kinder 5 S$)* lernt der Nachwuchs spielerisch alles über Wissenschaften. Im angeschlossenen Imax-Kino mit riesiger Halbkugel-Leinwand laufen unterhaltsame Lernfilme. Das *Civil Defense Museum* **[125 D1]** hört sich kriegerischer an, als es ist: Hier können die Kinder zum Feuerwehrmann werden *(Di– So 10–17 Uhr | Central Fire Station | 62 Hill Street | MRT EW 13, NS 25 City Hall, NE 5 Clarke Quay, dann Bus 190 | Eintritt frei).*

RUNDFAHRTEN

Nicht ganz billig, aber spannend sind die Touren mit dem *Singapore Duck*. Die alten Amphibienfahrzeuge der amerikanischen Armee sind in bunten Farben zu neuem Leben erweckt. Sie fahren durch den Kolonialdistrikt und dann direkt ins Wasser. So erleben Kinder und Eltern Singapur von zwei Seiten aus *(Ducktours | Suntec City* **[125 F1]** *| Tel. 63 38 68 77 | www.ducktours.com | Bus 14, 77 von MRT EW 13, NS 25 City Hall | Abfahrt jeweils zur vollen Stunde von 10–18 Uhr | Erwachsene 33 S$, Kinder von 3–12 Jahren 17, jüngere Kinder 2 S$).*

> ALLTAGSLEBEN UND KOLONIALE ROMANTIK

Beginnen Sie den Tag mit einem Ausflug in die Peranakan-Kultur Katongs und lassen Sie ihn ausklingen unter Laternen am Fluss

Die Spaziergänge sind auf dem hinteren Umschlag und im Cityatlas grün markiert

1 KATONG – DURCH ZEITEN UND KULTUREN

Wandeln Sie 3 Std. lang auf den Spuren der frühen Singapurer – Katong ist das Viertel der Peranakan. So heißt die Volksgruppe, die aus Chinesen, Europäern und Malayen hervorgegangen ist. Sie haben „Little Singapore", als das der Schmelztiegel Katong angesehen werden kann, geprägt – mit ihrem Essen, ihrer Architektur, ihrer Kleidung.

Schlendern Sie die beiden Seiten der East Coast Road – der Achse Katongs – entlang, tauchen Sie in ihren Seitenstraßen tief in das Leben Singapurs und seiner einzigartigen Architektur ein. Erwarten Sie nicht das Spektakuläre, sondern einen Einblick in das Alltagsleben.

Der Spaziergang beginnt am *Katong Antique House* [129 D4] *(203 East Coast Road | MRT NS 22 Orchard dann Bus 14)*. Hinter der schlichten

Insider Tipp

Bild: Cavenagh Bridge mit dem Esplanade Theatre, dahinter Suntec City

STADT SPAZIERGÄNGE

Holztür des blauen Hauses verbirgt sich eine ganz eigene Welt: Peter Wee, dessen Vater hier einst ein ganzer Straßenzug gehörte, führt Sie gern durch das **Museum der Peranakan-Kultur** *(ca. 45 Min., Voranmeldung unter 63 45 85 44)*. Im Erdgeschoss gibt es einen kleinen Laden mit echten Peranakan-Antiquitäten, die allerdings teuer sind.

Verlassen Sie das kleine Museum, wenden Sie sich nach links. Sie stoßen direkt auf die **Chin Mee Chin Confectionary**, eine Traditionsbäckerei Singapurs. An der nächsten Ampel überqueren Sie die Straße und gehen rechts in die Joo Chiat Road. Auf der rechten Straßenseite riechen Sie nun das wirkliche Singapur: Die Bäcker von **Puteri Mas** backen echte Durian-Kuchen. Die „Stinkfrucht", die Sie wegen ihres beißenden Käsegeruchs nicht in Bussen und U-Bahnen essen dürfen, gilt als Delikatesse. Ein be-

sonders schöner Teehandel ist **Amoy Tea** auf der rechten Straßenseite. Links liegt die **Ann Tin Tong Medical Hall**, eine fast 70 Jahre alte Apotheke, die einen Arzt beschäftigt und ihre Tees und Tinkturen noch selber mischt.

Ein paar Schritte noch, dann beginnt rechts die **Koon Seng Road**. Ihr Ensemble von Wohnhäusern ist einmalig in Singapur. Die mit Stuckornamenten verzierten Fassaden vereinen viktorianische und chinesische Elemente. Die Vorderseiten zeigen die Symbole für Glück und langes Leben, wie Fledermäuse, Drachen, Hirsche oder Hunde. Ergänzt werden sie durch alte Kacheln, die für teures Geld aus Europa importiert wurden. Unter dem Dachansatz haben die Häuser eine Belüftung. Sie sind um einen offenen Hof gebaut, in dem ein kleines Wasserbecken den Regen auffing. Dies sorgte für Kühlung des ganzen Hauses.

Machen Sie nun kehrt, überqueren Sie wieder die Joo Chiat Road und biegen Sie am Dunman Food Court links in die **Onan Road**. Sie gehen nun durch eine typische Singapurer Wohngegend mit Mangobäumen in den Vorgärten zurück zur Hauptstraße. Biegen Sie links in die Fowlie Road, dann wieder rechts in die Joo Chiat Road und Sie erreichen die **East Coast Road**. Halten Sie sich rechts. Sie stoßen auf das **Rumah Bebe**, das „Haus von Bebe". Hier werden schöne Andenken verkauft. Besitzerin Bebe Seet beherrscht das traditionelle Besticken von Schuhen und Kleidung mit Perlen. Sie gibt in ihrem Haus „Beading"-Unterricht *(250 S$ inkl. Material)* und bietet Kurse für Peranakan-Küche *(40–55 S$)* an *(www.rumahbebe.com)*. Direkt daneben folgen **Rumah Kim Choo** und **Kim Choo's Kitchen**. Der sonst in Singapur weit verbreitete Geschmacksverstärker MSG wird hier durch selbstgekochte Brühe aus Hühnerknochen, Ingwer und Knoblauch ersetzt – und das Essen schmeckt. Restaurantbetreiber Desmond Wong beantwortet Fragen, die Sie nach dem ausgedehnten Spaziergang zur faszinierenden Peranakan-Kultur haben.

Biegen Sie rechts in die Ceylon Road ein, runden Sie ihren Spaziergang durch die Kulturen mit etwas Hinduismus ab: Hier liegt der **Sri Senpaga Vinayagar Temple**. 1875 bauten ihn indische Tamilen unter einem Senpaga-Baum zu Ehren des Elefantengottes. Der Tempel steht unter Denkmalschutz und wurde 2003 renoviert.

2 ROMANTISCHES SINGAPUR

Eine asiatische Weltstadt ist selten romantisch, eher bunt und betriebsam. Singapurs Kolonialviertel aber hat nach Einbruch der Dunkelheit (tgl. ab 19.30 Uhr) einen ganz besonderen Charme. Sie können den anderthalbstündigen Spaziergang auch tagsüber machen – abends aber, wenn die alten Laternen unter Tropenbäumen leuchten, hat er seinen ganz eigenen Reiz.

Ausgangspunkt des Wegs ist die **Elgin Bridge [125 D2]** *(MRT NE 5 Clarke Quay)*, die am Singapurer Parlament South und North Bridge Road verbindet. Sie ist die erste Brücke Singapurs (1823) und bedeutet der Stadt viel: Trennt sie doch Tua Po von Sio Po – im Dialekt der Fujian-Chinesen die große Stadt von der kleinen Stadt. Gemeint sind damit das Verwaltungsviertel Singapurs und das von hier aus

Die Dependance des Asian Civilisations Museum in der Armenian Street

jenseits der Brücke liegende Chinatown, das Geschäftsviertel. Wenn Sie hier auf der linken Seite des Flusses stehen und auf die hell erleuchteten Hochhäuser der Banken blicken, liegt linker Hand das Parlament. Gehen Sie an seiner Seite hinab die paar Stufen der Treppe zum Fluss hinunter, machen Sie Rast auf einer der vielen Bänke und betrachten Sie die großartige Kulisse. Sie passieren dann eines der vielen Bootshäuschen, wo man eine Schiffstour auf dem Fluss buchen kann *(15 S$)*. Nun sehen Sie die angestrahlte **Statue des Stadtgründers Sir Thomas Stamford Raffles**, der hier 1819 an Land ging. Am steinernen Raffles vorbei und unter ausladenden Zweigen und Luftwurzeln der Tro-

penbäume hindurch kommt linker Hand das Restaurant **Indochine** *(S. 62)*, einer der Treffpunkte der Stadt. Auf den Treppen zum Indochine treffen Sie auf stumme Zeugen der Vergangenheit. Die Bildhauer Chern Lian Shan und Malcolm Kok stellten hier **lebensgroße Skulpturen** auf: Kulis und Händler, die einst entlang des Flusses Singapurs erstes Wirtschaftswunder begründeten. Die indischen Chettiar, die alten Geldverleiher, verhandeln mit der Börsenmaklerin, die gerade aus einem Bankenturm am gegenüberliegenden Ufer getreten zu sein scheint. Restaurant und die Bar nebenan sind Teil des wunderschönen **Asian Civilisations Museum** *(S. 28)*. Es lohnt den Besuch, und hat freitags bis 21 Uhr geöffnet.

Auf dem Uferweg leuchtet Ihnen nun die historische **Cavenagh-Brücke** (1868) entgegen. Unter den Bäumen links und rechts von ihr lassen sich die Hochzeitspaare Singapurs fotografieren. Die Bankentürme im Hintergrund versprechen ihnen Wohlstand. Folgen Sie dem Uferweg, der hier zwei leichte Kurven macht und in einen kurzen Tunnel führt. Auf der anderen Seite beginnt der **Queen Elizabeth Walk** entlang des Esplanade Parks. Entlang der Bucht kommen Sie unter der Brücke der Schnellstraße hindurch zur hell erleuchteten **Esplanade** *(S. 29)*. Freitags-, Samstags- und Sonntagsabends spielen auf der Freilichtbühne am Wasser Singapurer Bands kostenlos auf. Rechts hinter dem Gebäude ist ein **Freiluftmarkt**, wo die Regierung die besten Hawker-Restaurants Singapurs versammelt hat. Hier können Sie für ein paar Dollar unter dem Sternenhimmel der Tropennacht essen.

Insider Tipp

EIN TAG IN SINGAPUR

Action pur und einmalige Erlebnisse.
Gehen Sie auf Tour mit unserem Szene-Scout

DER GEHEIME GARTEN

8:30

Riechen, schmecken, fühlen im hauseigenen Garten der Kochschule. Während köstliche Aromen panasiatische Gewürze die Sinne benebeln, vergeht der Morgen wie im Flug. Nach dem pikanten Spaziergang wird eine heiße Tasse duftender Tee gereicht. **WO?** *Fort Canning Park | Do und Sa | Reservierung erforderlich: Tel. 63 36 33 07 | 40 S$/Person | www.at-sunrice.com*

11:00

HIMMELSKATAPULT HOCH ZWEI

Wenige Gehminuten von der Kochschule entfernt gehts ab! *G-max Reverse Bungy* heißt der angesagte Nervenkitzel. Eine Freiluftkapsel ist zwischen zwei Seile gespannt und schleudert mit 200 km/h dem blauen Himmel entgegen. Das Adrenalin-Race dauert fünf Minuten und lässt sich mit zwei anderen Mutigen teilen. Direkt im Anschluss gehts mit der Schwebebahn etwas gemächlicher auf die Insel Sentosa. **WO?** *G-max, Clarke Quay, Coleman Bridge | Kosten: 30 S$/Person | Tel. 63 38 11 46 | Cable Car nach Sentosa vom Harbour Front Center | Kosten: 11 S$/Person | www.sentosa.com.sg*

TAUCHEN MIT HAIEN

12:00

Nach zwei Höhenflügen steht jetzt ein Sprung ins Wasser an, und zwar in Singapurs Aquarium! Angebote gibt es für Anfänger und Profis gleichermaßen. Und egal, ob Sie mit einem gruselig grinsenden Hai tauchen oder eine bezaubernde Gugong-Seekuh neben Ihnen herpaddelt: Hier sind Sie mittendrin. **WO?** *Underwater World, 80 Siloso Road | Kosten: ab 45 S$/Person | Tel. 62 75 00 30 | www.underwaterworld.com.sg*

14:30

IBIZA? SINGAPUR!

Lunchtime im absolut hippen *Café del Mar*. Genau, das berühmte Sundown-Café aus Ibiza betreibt hier eine Dependance, und das auch noch am traumhaften Siloso Beach! Dort schmecken exquisite Snacks, während die Füße im warmen Sand stecken und die Hüften gemächlich zu House kreisen oder Sie durch den randlosen Pool gleiten. **WO?** *40 Siloso Beach Walk | www.cafedelmar.com.sg*

24h

TIERISCHES DINNER

18:00

Genug gechillt? Aufwachen, denn jetzt kommt der Kulturschock! Im *Imperial Herbal Kitchen* gibts frittierte Skorpione, Ameisen und was sonst noch so kreucht und fleucht. Knabbern, knacken, knuspern – immerhin fördern die Asia-Delikatessen Gesundheit, Potenz und den Ausgleich zwischen Ying und Yang. **WO?** *1 Harbour Front Walk, #03-08 A/B/C in Vivo City | www.imperial herbal.com*

20:00

BAR-STOP

Huh, das war strange. Da freut sich der Magen über Altbewährtes wie den berühmt-berüchtigten *Singapore Sling*. Den Cocktail trinkt man am besten in der legendären *Long Bar* im luxuriösen *Raffles Hotel* (Foto), wo der Drink einst kreiert wurde. **WO?** *1 Beach Road | www.raffles.com*

NIGHT SAFARI TOUR

21:30

Ab ins Taxi, in 20 Minuten wartet eine Nachtsafari. Hier streichen und schleichen wilde Tiere wie Tiger und Elefanten frei herum – nur ein Wassergraben trennt sie von den Besuchern. Gänsehaut und stockender Atem sind garantiert! **WO?** *80 Mandai Lake Road | 30 S$/Person | Letzter Einlass 23 Uhr | www.nightsafari.com.sg*

24:00

PARTEEEY!!!

Singapur ohne Abfeiern geht gar nicht! Auf keinen Fall zu toppen ist das *Velvet Underground* (Foto), die eleganteste Partyhalle ever im angesagten *Zouk*, halb Kunstgalerie, halb Club. Hier tanzt man zu funkigen Beats. Live-Action gibts von den Bands des benachbarten *Dragonfly*. **WO?** *Zouk, 17 Jiak Kim Street | www.zoukclub.com | Dragonfly, in der St James Power Station, Sentosa Gateway | www.dragonfly.sg*

> STRÄNDE UND DSCHUNGEL

Rosafarbene Delphine locken nach Sentosa,
Äffchen ins MacRitchie Reservoir

1 SENTOSA

[126–127 A–F 3–6] ⭐ *Sentosa* wird Sie überwältigen – besonders, wenn Sie mit Kindern reisen. Singapur hat den Wert seiner Freizeitinsel, wenige Fahrminuten vor dem Geschäftsviertel gelegen, erst in den vergangenen Jahren so richtig entdeckt. Hier befinden sich inzwischen die teuersten Wohngebiete – an für Touristen gesperrten, aufgeschütteten Stränden – direkt hinter der modernen Marina und einem der schönsten Golfplätze der Stadt. Unübersehbar direkt hinter der Brücke vom Festland wurden die Universal Studios mit ihren Achterbahnen und Filmattraktionen angesiedelt. Im Untergeschoss des Resort World Sentosa-Komplexes liegt das erste Kasino der Stadt, darüber wurden fünf Hotels mit Luxusläden und Restaurants gebaut.

Um sich einen Überblick über die fast 250 Attraktionen, Geschäfte, Ho-

Bild: Strand auf Sentosa

AUSFLÜGE & TOUREN

tels, Restaurants und Cafés zu verschaffen, sollten Besucher auf die gut gegliederte Website *www.sentosa.com.sg* gehen. Zu erreichen ist die Insel denkbar einfach: Per Sentosa Express, Bus, Taxi, Seilbahn, Auto oder auch zu Fuß über die Brücke. *Eintritt zur Insel 2 S$. Cable Car ab Mount Faber | www.mountfaber.com.sg | MRT CC 29 NE 1 Harbourfront, dann Bus (orange, So–Do 7–23 Uhr, Fr/Sa 7–24 Uhr alle 10 bis 20 Min., 2 S$) oder Hochbahn Sentosa Express ab Vivo City Lobby L, 3. Stock (7–24 Uhr nur mit Sentosa Pass, 3 S$).* Auf Sentosa sind die Transportmittel frei, die gelben, roten und blauen Buslinien steuern die verschiedenen Attraktionen an. Die Strände sind mit der *Beach Tram* verbunden.

Trotz ihrer Generalüberholung hat die Insel in einigen Teilen immer noch ihren Tropencharme erhalten.

Sie erfahren ihn am ehesten, wenn Sie wochentags kommen. Auch wenn diese zur Straße von Malakka liegen, dem meistbefahrenen Schifffahrtsweg der Welt, bleiben die Strände von Siloso, Palawan und Tanjong reizvoll. Sie messen mehr als 3 km. Hier wird bis in die Morgenstunden gefeiert, hier wird Sport getrieben und in der Sonne gebadet. Einst war die 390 ha große „Insel des Friedens und der Ruhe" ein Fischerdorf. Ab 1880 nutzten die Briten sie als Militärbasis, um sich gegen einen – nie erfolgten – Angriff von See zu wehren. **Fort Siloso** *(Siloso Point | tgl. 10–17.30 Uhr | Eintritt 8 S$, kostenlose Führung Sa/ So 11 und 16 Uhr)* lädt zur Besichtigung. Die Ausstellung **Images of Singapore** *(Imbiah Lookout | tgl. 9–18.30 Uhr | Eintritt 10 S$)* gibt einen Einblick in die Geschichte der Stadt und die Kapitulation vor den Japanern. Beliebter ist bei Touristen der  **Tiger-Sky-Tower** *(Imbiah Lookout | tgl. 9–20.45 Uhr | Eintritt 12 S$)*, der

allen, die nicht schon per Seilbahn eingeschwebt sind, einen schönen Überblick über die Stadt bis hinüber nach Indonesien verschafft. Oder besuchen Sie das riesige Aquarium **Underwater World** *(Siloso Point | tgl. 9–20.30 Uhr | Eintritt 22,90 S$)*, das viel mehr als nur Tropenfische bietet. Wer Meeresbewohnern noch näher kommen möchte, trifft die rosafarbenen Delphine in der **Dolphin Lagoon** *(Siloso Point | tgl. 9–21 Uhr | Eintritt 22,90 S$ | swim-with-the-dolphins: 9.45 und 13.45 Uhr, 150 S$)*.

Wer die Natur liebt und wird auch den Drachenweg **Nature Walk/Dragon Trail** mögen. Er führt bis zum Gipfel des Mount Imbiah. **Butterfly Park** und **Insect Kingdom** *(Imbiah Lookout | tgl. 9.30–18.30 Uhr | Eintritt 16 S$)* geben Einblick in die farbenfrohe Tierwelt der Tropen. Spannend ist auch die Sommer-Bobbahn **Sentosa-Luge** mit Skyride *(Imbiah Lookout | tgl. 10–21.30 Uhr | 11 S$, Familienpass mit vier Fahrten 28 S$)*.

Guck mal, was da schwimmt: Im gläsernen Tunnel der Underwater World

AUSFLÜGE & TOUREN

Wer mehr wagen will, geht in den **Megazip Adventure Park** *(Imbiah Hill Road | Mo–Fr 14–19, Sa/So 11–19 Uhr | Kombiticket 59 S$):* Kletterwand, Fallschirmsimulator und Seilbahn über den Gipfeln der Tropenbäume warten. Mindestens genauso aufregend ist die Surfschule und Surfdisko **Wave House Sentosa** *(Siloso Beach | So–Do 10–0, Fr/Sa 10–3 Uhr | wochentags 30 S$/Std., Wochenende 35 S$/Std.),* die auf einer künstlichen Dauerwelle das Surfen erlaubt.

Den Höhepunkt für viele, die nicht wegen der Natur kommen, bietet wohl **Resort World Sentosa** *(www.rwsentosa.com)* mit wechselnden Angeboten, Shows und Abendveranstaltungen: Der um das Kasino gruppierte Freizeitpark lockt mit modernen Attraktionen. Das Kasino selbst ist durchgehend geöffnet, Ausländer müssen nur ihren Reisepass mitbringen, zahlen aber keinen Eintritt. Die am Hauptplatz über dem Kasino gelegenen **Universal Studios Singapore** *(Tageskarte 60, Fahrten und Attraktionen meist frei, Essen und Getränke extra)* laden zu Abenteuern rund um die Erlebnisse ihrer Filmhelden ein. Südostasiens wildeste Achterbahnen *Battlestar Galactica,* die Erlebnisse von Shrek oder den Madagascar-Figuren, besonders aber das mit viel Feuerzauber nachgespielte Drama *Water World* mit Stuntmen aus Hollywood halten einen den ganzen Tag auf Trab. *Sonderbusverbindung zum Resort World Sentosa von Vivo City mit RWS 8, 2 S$; am Wochenende fahren zahlreiche Sonderbusse von vielen Standorten in der Stadt, z. B. RWS 88 von NS 25 EW 13 City Hall, 3,50 S$.*

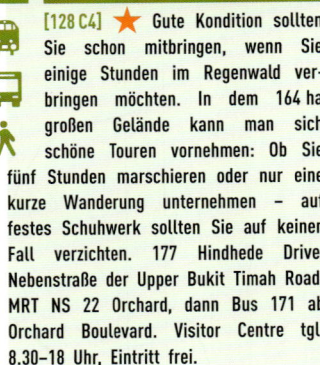

2 BUKIT TIMAH NATURE RESERVE

[128 C4] ⭐ Gute Kondition sollten Sie schon mitbringen, wenn Sie einige Stunden im Regenwald verbringen möchten. In dem 164 ha großen Gelände kann man sich schöne Touren vornehmen: Ob Sie fünf Stunden marschieren oder nur eine kurze Wanderung unternehmen – auf festes Schuhwerk sollten Sie auf keinen Fall verzichten. 177 Hindhede Drive, Nebenstraße der Upper Bukit Timah Road, MRT NS 22 Orchard, dann Bus 171 ab Orchard Boulevard. Visitor Centre tgl. 8.30–18 Uhr, Eintritt frei.

Bukit heißt Berg, und der ✳ Bukit Timah ist die höchste Erhebung Singapurs (164 m). Eine Schönheit ist der Bukit Timah nicht, man hat ihn mit großen Funkantennen und einem Steinbruch verschandelt, aber seine 80 ha Primärwald sind beeindruckend. Neben Rio de Janeiro darf sich Singapur zu den wenigen Metropolen zählen, die Urwald innerhalb der Stadtgrenzen bieten können. Selbstbewusst berichten Naturschützer, der Park zähle mehr Baumarten als Nordamerika, darunter mehr als 800 einheimische. Fest steht, dass die Dschungelvegetation der gigantischen Farne und der riesigen Bäume weit gehend unberührt geblieben ist. So fühlen sich viele Vögel (darunter Seeadler), Schmetterlinge, Insekten, Eichhörnchen, Eidechsen, Affen und Schlangen dort zu Hause.

Die Pfade im Dschungel sind bestens ausgeschildert. Die Ausstellungshalle am Eingang verschafft Ihnen einen kurzen Überblick über Blumen, Blätter und Insekten, dort ist

auch ein englischsprachiges Faltblatt erhältlich. Lässt Ihr Zeitplan es zu, planen Sie Ihren Besuch an Wochentagen: Dann haben Sie den Dschungel fast für sich alleine. Fast – die Mücken kennen keinen freien Tag, und deshalb sollten Sie unbedingt an ausreichenden Mückenschutz denken.

3 MACRITCHIE, LOWER UND UPPER PEIRCE RESERVOIRS

[128 C3–4] Die grüne Lunge des Stadtstaates bietet neben Tropenbäumen auch drei Wasserschutzgebiete mit insgesamt fünf Stauseen. Sie wurden ursprünglich angelegt, um Singapur in Notfällen mit Trinkwasser zu versorgen. Der Zugang zu allen Reservaten bietet sich vom MacRitchie Reservoir aus an. MRT NS 22 (Orchard), dann Bus 167 ab Orchard Boulevard oder zu Fuß von der Straße Venus Drive, Bus 132 ab Orchard Road.

Insider Tipp Besonders zu empfehlen ist der Besuch des *MacRitchie Reservoirs*. Es bietet die Möglichkeit für stundenlange Rundwanderungen. Beeindruckend ist schon der Spaziergang auf dem Holzweg um den See: Von hier können Sie – besonders an Wochentagen – ungestört Fische, Schildkröten und Vögel beobachten. Der *HSBC-Treetop-Walk* führt Sie bis auf Höhe der Tropenriesen *(S. 92)*.

Oder spazieren Sie über den Staudamm des **Lower Pierce Reservoir** und genießen Sie einfach die schöne Aussicht auf den Dschungel. Die Straße dorthin führt durch die Siedlungsgebiete zahlreicher Affenfamilien (Füttern verboten!). Im MacRitchie und im **Upper Seletar Reservoir** können Sie auch Paddelboote mieten und sich auf den See wagen *(S. 92)*.

4 PULAU UBIN

[129 E3] Keine Hochhäuser, keine Autos – wer die Metropole so richtig satt hat, flieht auf eine kleine Insel, die Singapur zeigt, wie es vor dem wirtschaftlichen Aufschwung einmal war. MRT EW 4 bis Tanah Merah, dann Bus 2 bis Changi, dann umsteigen auf das Bumboat. Die Überfahrt kostet 2 S$ pro Strecke. Auf der Insel können Sie sich gut einen halben Tag aufhalten.

Pulau Ubin (Pulau ist das malaysische Wort für Insel) ist ein Naturerlebnis für Vogelliebhaber und Wanderlustige – und vor allem für Fahrradfans. Denn am besten erkundet man das kleine Eiland mit einem der Räder, die für 4 bis 6 S$ an der Straße hinter dem Fähranleger vermietet werden. Die Barke fährt los, wenn sie voll ist, und es gibt keinen Fahrplan. Fest steht lediglich, dass die erste Fahrt um 6 Uhr beginnt, die letzte Rückfahrmöglichkeit ist um 20 Uhr. Ankömmlinge erhalten eine kleine Karte, auf der Straßen und Wanderrouten sowie der kleine Strand, an dem Zelten erlaubt ist, eingezeichnet sind.

Ansonsten können Sie Garnelenzuchtbetriebe, Entenfarmen und einige traditionelle Fischerhütten sehen, die auf Stelzen stehen. Den Naturstrand **Chek Jawa** können Sie nur bei Niedrigwasser besuchen. Und Sie müssen im Voraus eine begleitete Wattwanderung buchen *(Tel. 65 42 41 08 | www.habitatnews.nus.edu.sg)*. Vor allem aber sehen Sie, dass

![Singapur, wie es früher einmal war: Ein Besuch auf Pulau Ubin ist wie ein Zeitsprung]

Singapur, wie es früher einmal war: Ein Besuch auf Pulau Ubin ist wie ein Zeitsprung

auch in Singapur die Zeit tatsächlich stillstehen kann.

5 SUNGEI BULOH WETLAND RESERVE

[128 B3] Entdecken Sie die Vielfalt der Mangroven, und lassen Sie sich davon überraschen, wie aufregend das „Wildlife" in tropischen Feuchtgebieten sein kann. Ausgeschildert sind halbstündige Spaziergänge, eine etwa 3 km lange Tour oder eine 7 km lange Route, die in vier bis fünf Stunden zu bewältigen ist. Keine schlechte Idee ist, eine der organisierten Wanderungen mitzumachen. Samstags werden knapp einstündige, kostenlose Führungen angeboten. Treffpunkt ist um 9.30 und 15.30 Uhr am Eingang. Individuelle Touren können Gruppen bis zu 15 Personen unter Tel. 67941401 vereinbaren, Kostenpunkt 50 S$. Weitere Aktivitäten finden Sie auf der Webseite www.sbwr.org.sg. Von der MRT NS 7 Kranji aus fährt Bus 925 an Wochentagen nur bis zum Kranji Reservoir Carpark, von dort muss man etwa 15 Min. zum Eingang wandern. An Sonn- und Feiertagen fährt der Bus bis zum Eingang. Mo–Sa 7.30–19 Uhr, So und an Feiertagen 7–19 Uhr, Eintritt frei außer samstags, sonntags, feiertags und in den Schulferien: 1 S$, Kinder 0,50 S$, 301 Neo Tiew Crescent.

Sungei ist malaiisch und heißt Fluss – und Wasser spielt wirklich eine bedeutende Rolle in diesem Naturschutzpark. Die 87 ha sind ein Feuchtgebiet, in dessen Mangrovendickicht allerlei Tierarten wie Eisvögel und Reptilien, Eichhörnchen und Glühwürmchen, Fledermäuse, unzählige Insekten und viele andere Tiere zu Hause sind. Auf dem Naturschutzgelände wurden Wanderwege und Beobachtungspavillons für Besucher angelegt, die am Wochenende viele Singapurer anlocken. Mückenschutz und Trinkwasser nicht vergessen!

> VON ANREISE BIS ZOLL

Urlaub von Anfang bis Ende: die wichtigsten Adressen und Informationen für Ihre Singapurreise

■ ANREISE ■

BUS

Expressbusse aus Kuala Lumpur (mindestens 5 Stunden Fahrt über die Autobahn) kommen am Queen Street Terminal (E 1) [121 E4] nahe der MRT-Station Bugis an.

FLUGZEUG

Die meisten Besucher landen auf dem Flughafen Changi [129 E3–4]. Direkt unter den Abfertigungshallen 2 und 3 liegen die MRT-Stationen. Die Züge fahren alle zwölf Minuten zwischen 5.30 und 23.18 Uhr Richtung Innenstadt (Orchard mit MRT NS 22), die Fahrt kostet 1,80 S$. Aus der Innenstadt fährt die letzte MRT um 23.25 Uhr von der Station Orchard Road aus. Ebenfalls vom Tiefgeschoss aus fährt die klimatisierte Buslinie 36 alle zehn Minuten bis zur Orchard Road. Eine Fahrt kostet 1,80 S$. Die Münzen müssen Sie abgezählt bereithalten. Außerdem gibt es Taxis (Fahrtzeit etwa 20 Minuten, gute 20 S$), Maxicabs (für sechs Personen 35 S$), Mercedes-Limousinen (40 S$) und Hotelbusse.

SCHIFF

Kreuzfahrtschiffe legen am Cruise Centre beim Harbour Front Centre [126 C2] an. Von dort fährt die MRT NE zur Orchard Road (CC1, NS24 NE 6 Dhoby Ghaut).

PRAKTISCHE HINWEISE

■ AUSKUNFT VOR DER REISE ■

SINGAPORE TOURISM BOARD
– *Hochstraße 35–37 | 60313 Frankfurt/Main | Tel. 069/920 77 00 | Fax 297 89 22 | info@stb-germany.de*

■ AUSKUNFT IN SINGAPUR ■

SINGAPORE TOURISM BOARD (STB)
VISITOR INFORMATION CENTRES
Die Zentren sind hervorragend ausgestattet, ein Besuch gerade auf der Orchard Road lohnt.
– *Changi Airport | Ankunftshallen Terminal 1, 2 und 3 | tgl. 6–2 Uhr |* [129 E3–4]
– *Orchard Road: Kreuzung Cairnhill Road mit Orchard Road | tgl. 9.30–22.30 Uhr |* [119 F5]
– *Bugis Street, Along Cheng Yan Place | am Iluma Shopping Centre | tgl. 11–22 Uhr |* [121 D5]
24-Stunden-Hotline:
Tel. 180 07 36 20 00 (gebührenfrei)

■ BANKEN & GELDWECHSEL ■

Die besten Kurse bieten die Wechselstuben mit dem Zeichen „Authorized Money Changer" in vielen Einkaufszentren und Geschäftsstraßen. Vermeiden Sie den teuren Geldwechsel im Hotel. Beim Eintausch von Reiseschecks nehmen manche Banken hohe Gebühren. Die Zweigstellen der OCBC-Bank tauschen allerdings kostenlos. Ungünstig ist der Tausch in Europa vor der Reise.
   Öffnungszeiten der Banken im Allgemeinen Mo–Fr 9.30–15 oder 16 Uhr, Sa 9.30–11 Uhr. Mehrere Zweigstellen der DBS-Bank sind samstags bis 15 Uhr geöffnet. Zahlreiche Geldautomaten akzeptieren Vi-

WÄHRUNGSRECHNER

€	SND	SND	€
1	1,72	1	0,58
3	5,16	3	1,75
4	6,86	4	2,33
5	8,58	5	2,91
9	15,44	9	5,24
15	25,74	15	8,74
20	34,32	25	14,56
70	120,11	90	52,42
125	214,47	140	81,54

sa-, American Express und Mastercard-Karten wie auch die meisten größeren Geschäfte.

■ DIPLOMATISCHE VERTRETUNGEN

DEUTSCHE BOTSCHAFT [125 D3]
50 Raffles Place, #12–00 Singapore Land Tower | Mo–Fr 8.30–12.30 Uhr | Tel. 65 33 60 02 | www.german embassy-singapore.org.sg | MRT NS 26, EW 14 Raffles Place

ÖSTERREICHISCHE HANDELSMISSION [121 E5]
Austrian Embassy (Commercial Counsellor) | 600 North Bridge Road, #24–04/05 Parkview Square | Mo–Fr 0–16 Uhr | http://austria.visahq.com/embassy/Singapore/ | Tel. 63 96 63 50 | MRT EW 12 Bugis

SCHWEIZERISCHE BOTSCHAFT
*1 Swiss Club Link | Mo–Fr 9–12 Uhr |
Tel. 64 68 57 88 | www.eda.admin.ch/
eda/en/home/reps/csia/vsgp | Taxi*

EINREISE

Kein Visum notwendig. Einreise nur mit Reisepass, der noch mehr als sechs Monate gültig ist. Man erhält einen Stempel, der den Aufenthalt bis zu vier Wochen erlaubt *(Verlängerung beim Immigration Department | Tel. 63 91 61 00)*. Vor der Passkontrolle ist eine zweiseitige *Landing Card* auszufüllen. Deren Durchschrift bewahren Sie bis zur Ausreise auf.

GESUNDHEIT

Impfungen sind nicht vorgeschrieben und auch nicht nötig, außer bei Einreise aus einem Gelbfieber- oder Choleragebiet. Singapur ist nicht malariagefährdet, wohl aber gibt es Denguefieber. Das Leitungswasser kann problemlos getrunken werden. Nach einem Arzt fragen Sie am besten in Ihrem Hotel.

INTERNET

Die ergiebigste Seite ist *www.your singapore.com*. Dort gibt es alle Informationen und einen Tripplaner. WLAN ist weit verbreitet im Stadtstaat, aber noch nicht flächendeckend.In Zukunft soll die gesamte Stadt über einen freien WLAN-Zugang verfügen, ein genauer Termin steht noch nicht fest.

INTERNETCAFÉS

Alle großen Shoppingmalls bieten meist in den Obergeschossen Internetcafés. Die Kosten liegen zwischen etwa 2 und 10 S$ pro Stunde. Zudem herrscht in immer mehr Restaurants und Cafés (z. B. McDonalds, Starbucks etc.) öffentlicher Zugang zum Netz.

KLEIDUNG

Tragen Sie Baumwolle, möglichst locker geschnitten, oder moderne Funktionskleidung für heißes Wetter. Bei längeren Fußmärschen ist ein Regenschirm wichtig (Tropenschauer!). Hindu-Tempel dürfen Sie nur ohne Schuhe betreten.

NOTRUF & NÜTZLICHE RUFNUMMERN

Polizei *Tel. 999*, Krankenwagen und Feuerwehr *Tel. 995*
24-Stunden-Notdienst in Krankenhäusern: *Gleneagles Hospital | Tel. 64 73 72 22 | Mount Elizabeth Hospital | Tel. 67 37 26 66 |* beide zentral gelegen und empfehlenswert
Telefonauskunft Singapur *Tel. 100 |* Internationale Auskunft *Tel. 104*
Fluginformation *Tel. 180 05 42 4 22*
Singapore Airlines *Tel. 62 23 88 88*
Lufthansa *Tel. 62 45 56 00*

ÖFFENTLICHE VERKEHRSMITTEL

BUSSE UND MASS RAPID TRANSIT (MRT)

Die U-Bahn MRT wird momentan erweitert. 2010 wurde der erste Teil der Ringbahn mit den Stationen CC 1 bis CC 12 eröffnet. 2011 folgt der zweite Teil. Fahrten mit der MRT kosten zwischen 0,70 und 4,40 S$. MRT-Züge sind im Stadtgebiet von 5.30 bis 0.30 Uhr unterwegs.

Busse fahren alle sechs bis 30 Minuten von 5.15 Uhr bis Mitternacht. Die Fahrpreise liegen je nach

Ziel zwischen 0,90 und 4,80 S$. Im Bus kann man direkt beim Fahrer zahlen – das Geld muss dann abgezählt sein. Die EZ-link Card, umgangssprachlich Easy-Card, ist eine aufladbare Mehrfahrtenkarte und kostet 15 S$, 5 S$ davon sind eine einmalige Kaufgebühr. Der Tourist-Pass ist eine ein bis drei Tage gültige Dauerkarte für alle Busse und Bahnen. Erhältlich ist sie an den großen MRT-Stationen, auch schon am Flughafen Changi, ab 8 S$ (ein Tag) plus 10 S$ Pfand, das erstattet wird.

EZ-link Card und der Transit Link Guide (1,50 S$) mit allen U-Bahn- und Busverbindungen sind in MRT- und Busbahnhöfen zu kaufen. Informationen auf *www.smrt.com.sg* | *www.sbstransit.com.sg*. Sehr zu empfehlen: einen integrierten Stadtplan mit Bus-, MRT- und Taxiverzeichnis bietet die Singapore Public Transport Map von Mighty Minds an, erhältlich im Buchhandel.

STADTTOUREN

Deutschsprachig: Claudia Klaver bietet mit ihrer *Heritage-Tour* eine informative Führung durch Singapur an *(60 S$ pro Stunde | Tel. 97 34 28 66 | ck@transworldrelocations.com.sg)*. Auch die *German Association* in Singapur offeriert deutschsprachige Führungen durch Stadt und Natur *(www.germanclub.org.sg)*. Bei *Toureast (Tel. 67 38 26 22 | www.toureast.net)* gibt es die üblichen Stadtrundfahrten im klimatisierten Bus für 32 S$.

Englischsprachig: *Duck- und Hippo-Tours (33 S$ | Tel. 63 38 68 77)*. Der *SIA-Hop-On-Bus* von Singapore Airlines hat Tageskarten für 6 S$ *(Flug-*

gäste) bzw. 12 S$ (ohne Ticket) für eine festliegende Route durch die Stadt im Programm *(tgl. 9–21 Uhr)*. Der altertümliche *Trolley-Bus* verkehrt zwischen Orchard Road, Kolonialviertel und Clarke Quay. Der Preis liegt mit Bootsfahrt auf dem Fluss bei 14,90 S$ *(Tel. 63 39 68 33)*.

Für alle Stop-over-Passagiere in Singapur mit mindestens fünf Stunden Zeit gibt es die freie Stop-over-

WAS KOSTET WIE VIEL?

KAFFEE	**0,50–2,10 EURO** für eine Tasse Kaffee
SNACK	**1,40–2,40 EURO** für eine Portion Chicken Rice in einem Food Centre
BIER	**1,90–5 EURO** für ein Glas Bier
BOOTSFAHRT	**7–23 EURO** Fahrt um die südlichen Inseln
OBST	**0,15 EURO** für eine Scheibe Melone
U-BAHN	**0,40–2,20 EURO** für eine einfache Fahrt

Stadtrundfahrt ab Flughafen. Fahrten mit Fahrradrikschas kosten ab 45 S$ pro Fahrt, z. B. über *Alphatravel (Tel. 63 36 12 05 | www.alphalandtravel.com.sg)*.

Singapur von der Wasserseite zeigen die *Singapore River Cruises (15 S$ | Tel. 63 36 61 11)*.

TAXIS

Alle sind klimatisiert, haben geeichte Taxameter und sind im Vergleich zu Deutschland billig Sie können sie auf der Straße anhalten. Taxistände finden Sie vor allen größeren Einkaufszentren und vor Hotels. Es werden einige Zuschläge erhoben, die nicht direkt auf dem Display erscheinen. Telefonische Bestellung: *Comfort & City Cab Tel. 655 21 11*; *SMRT Taxi Tel. 65 55 88 88*; *Premier Tel. 63 63 68 88*

POST

Zentrale Postämter sind *Tanglin Post Office | 56 Tanglin Road | gegenüber Tanglin Mall | Mo–Fr 8.30–17, Sa bis 13 Uhr*; *Orchard | 391 Orchard Road | #4–15 Kaufhaus Ngee Ann City | Mo–Fr 6.30–18, Sa bis 14 Uhr.* Briefpost können Sie mit Hilfe der Hotelrezeption verschicken. *Singapore Post* sorgt auch für eine große Überraschung bei den Daheimgebliebenen: Sie können Ihr eigenes Foto in Singapur als Briefmarke drucken lassen und damit dann Ihre Urlaubspost frankieren. Informationen auf der Webseite *https://shop.vpost.com.sg/ MyStamp/index.jsp* oder bei den Postämtern.

REISEZEIT

Singapur hat zwei Jahreszeiten, aber es herrscht immer eine sehr hohe Luftfeuchtigkeit: die Trockenzeit (März bis Okt.) mit Höchsttemperaturen von 33 Grad und die Regenzeit (Nov.–Feb.), in der das Thermometer bis auf 23 Grad fallen kann.

STROM

Netzspannung 220–240 Volt bei 50 Hertz. In den meisten Hotels passen deutsche Stecker; sonst sind Dreipunktstecker üblich (Adapter an der Rezeption und in vielen Läden).

WETTER IN SINGAPUR

Jan.	Feb.	März	April	Mai	Juni	Juli	Aug.	Sept.	Okt.	Nov.	Dez.
30	30	31	31	31	31	31	31	30	31	30	29
Tagestemperaturen in °C											
23	23	24	24	24	25	25	24	24	24	24	23
Nachttemperaturen in °C											
5	6	6	6	6	6	6	6	6	5	5	4
Sonnenschein Std./Tag											
13	10	11	11	11	10	10	11	9	13	16	18
Niederschlag Tage/Monat											
27	27	28	28	28	29	28	28	28	28	28	27
Wassertemperaturen in °C											

PRAKTISCHE HINWEISE

■ TELEFON & HANDY ■

Internationale Telefonate bei allen Fernsprechern mit „IDD"-Symbol. Telefonkarten bekommen Sie in Telecomshops, Postämtern, Schreibwarenläden und Wechselstuben (Preis 3–50 S$). Kreditkartentelefone gibt es beispielsweise am Flughafen, in Postämtern und Telecomshops. Vom Flughafen aus kann man lokale Gespräche kostenlos führen. Vorwahl Singapur: *0065* | Vorwahl nach Deutschland: *0049* | Österreich: *0043* | Schweiz: *0041*

Der Empfang für Handys ist perfekt. Roaming, also die Nutzung des weltweit. Am günstigsten ist das Versenden von SMS. Riesige Kosten verursacht die Mailbox: Abschalten, bevor Sie Ihr Heimatland verlassen!

■ ZEIT ■

Gegenüber Mitteleuropäischer Zeit ist der Stadtstaat Singapur im Sommer sechs, im Winter sieben Stunden voraus.

■ ZOLL ■

Zollfrei eingeführt werden können ein Liter Alkohol und kleine Mengen Parfum für den persönlichen Gebrauch, nicht aber Zigaretten! Ver-

ADRESSEN

So finden Sie sich in Singapur zurecht

Die Adressangaben in Singapur sind gewöhnungsbedürftig: bei einem größeren Gebäude enthalten sie oft das Stockwerk. So lautet die Anschrift der Lufthansa 390 Orchard Road, #05-01 Palais Renaissance. Das bedeutet, Sie finden das Büro auf der Orchard Road in der fünften Etage (#05) des Einkaufszentrums Palais Renaissance. Auf der Etage tragen die Läden und Büros Hausnummern. Lufthansa hat die Nummer 1 (-01).

Handys im Ausland, kann teuer werden – muss es aber nicht! Ihr Handy bucht sich im Ausland automatisch in ein verfügbares Netz ein. Über den Menüpunkt „Netzwahl" können Sie manuell zu günstigeren Betreibern wechseln.

Mit einer Prepaid-Karte des Gastlandes entfallen die Gebühren für das Auslandsnetz, die Ihnen bei einem Anruf belastet werden (unter *www.globilo.de* oder – meist billiger – am Urlaubsziel kaufen). Die Karte von GlobalSim *(www.globalsim.net)* erlaubt nahezu kostenloses Roaming boten ist die Einfuhr von Pornografie und jeglicher Art von Rauschgift. *Zollauskunft | Tel. 65 42 70 58.*

Bei der Heimkehr dürfen Sie zollfrei mit sich führen: 200 Zigaretten oder 50 Zigarren, 1 l Alkohol mit über 22 Prozent, 50 ml Parfum oder 250 ml Eau de Toilette sowie Einkäufe bis zu einem Gesamtwert von 175 Euro.

Der Import allen Krokodilleders in andere Länder bedarf stets einer komplizierten Genehmigung nach dem internationalen Artenschutzabkommen.

> DO YOU SPEAK ENGLISH?

„Sprichst du Englisch?" Dieser Sprachführer hilft Ihnen, die wichtigsten Wörter und Sätze auf Englisch zu sagen

Zur Erleichterung der Aussprache

Zur Erleichterung der Aussprache sind alle englischen Wörter mit einer einfacher Aussprache (in eckigen Klammern) versehen. Folgende Zeichen sind Sonderzeichen:

ə	nur angedeutetes „e" wie in bitte
θ	[s] gesprochen mit der Zungenspitze zwischen den Zähnen
'	die nachfolgende Silbe wird betont. Bei einer Hauptbetonung steht das Zeichen oben vor der Silbe, bei einer Nebenbetonung unten.

■ AUF EINEN BLICK

Ja/Nein	Yes [jäs]/No [nəu]
Vielleicht	Perhaps [pə'häps]/Maybe ['mäibɪl]
Bitte/Danke	Please [plihs]/Thank you ['θänkjɹ]
Gern geschehen.	You're welcome. [joh 'wälkəm]
Entschuldigung!	I'm sorry! [aim 'sori]
Wie bitte?	Pardon? ['pahdɔ]
Ich verstehe Sie/dich nicht.	I don't understand. [ai dəunt andə'ständ]
Können Sie mir bitte helfen?	Can you help me, please? ['kən ju 'hälp mi plihs]
Guten Morgen!	Good morning! [gud 'mohning]
Guten Abend!	Good evening! [gud 'ihwning]
Hallo! Grüß dich!	Hello! [hə'ləu]/Hi! [hai]
Wie ist Ihr/dein Name?	What's your name? [wots joh 'nɪm]
Mein Name ist …	My name is … [mai näim is]
Auf Wiedersehen!	Goodbye! [ˌgud'bai]/Bye-bye! [ˌbai'bai]
Tschüss!	See you! [sih ju]/Bye! [bai]
Hilfe!	Help! [hälp]
Rufen Sie bitte ..	Please call … ['plihs 'kohl]
… einen Krankenwagen.	… an ambulance. [ən 'ämbjuɛns]
… die Polizei.	… the police. [θə pə'lihs]

■ UNTERWEGS

Bitte, wo ist …	Excuse me, where's … [iks'kjuhs 'mih 'weəs]
… der Bahnhof?	… the station? [θə 'stäischn]
… der Flughafen?	… the airport? [θə 'eəpoht]
… die Haltestelle?	… the stop? [θə stɔp]

SPRACHFÜHRER ENGLISCH

… der Taxistand?	… the taxi rank? [θə 'täksiränk]
Bus/Fähre/Zug	bus [bas]/ferry ['färi]/train [träin]
Wo kann ich einen Fahrschein kaufen?	Where can I buy a ticket? ['weə kən_ai bai_ə 'tikit]
Können Sie mir bitte sagen, wie ich nach … komme?	Could you tell me how to get to …, please? ['kud_ju 'täl me hau tə gät tə … plihs]
Gehen Sie geradeaus.	Go straight on. [gəu sträit 'on]
Gehen Sie nach links/rechts.	Turn left/right. [töhn 'läft/'rait]
Erste/Zweite Straße links/rechts.	The first/second street on the left/right. [θə 'föhst/'säknd striht on θə 'läft/'rait]
nah/weit	near [niə]/far [fah]
Überqueren Sie …	Cross … ['kros]
… die Brücke.	… the bridge. [θə 'bridsch]
… den Platz.	… the square. [θə 'skweə]
… die Straße.	… the street. [θə 'striht]
Ich möchte … mieten.	I'd like to hire … [aid' laik tə 'haiə]
… ein Auto …	… a car. [ə 'kah]
… ein Fahrrad …	… a bike. [ə 'baik]
… ein Boot …	… a boat. [ə 'bəut]
offen/geschlossen	open ['əupn]/closed [kləusd]
drücken/ziehen	push [pusch]/pull [pull]
Eingang/Ausgang	entrance ['äntrəns]/exit ['ägsit]
Wo sind bitte die Toiletten?	Where are the restrooms, please? ['weərə θə 'restruhms plihs]
Damen/Herren	Ladies ['läidies]/ Gentlemen ['dschäntlmən]

SEHENSWERTES

Wann ist das Museum geöffnet?	When's the museum open? ['wäns θə mju'siəm 'əupn]
Wann beginnt die Führung?	When does the tour start? ['wän das θə 'tuə 'staht]
Altstadt	the old town [θi_'əuld 'taun]
Ausstellung	exhibition [,äksi'bischn]
Palast	palace ['pälis]
Rathaus	town hall ['taun 'hohl]
Stadtplan	town map ['taun 'mäp]
Stadtzentrum	city ['siti]/town centre ['taun 'säntə]

Montag/Dienstag	Monday ['mandäi]/Tuesday ['tjuhsdäi]
Mittwoch/Donnerstag	Wednesday ['wänsdäi]/ Thursday ['θöhsdäi]
Freitag/Samstag	Friday ['fraidäi]/Saturday ['sätədäi
Sonntag	Sunday ['sandäi]
heute/morgen	today [tə'däi]/tomorrow [tə'morəu
täglich	every day ['äwri 'däi]/daily ['däili]
Wie viel Uhr ist es?	What time is it? [wot 'taim_is_it]
Es ist 3 Uhr.	It's three o'clock. [its 'θrih_ə'klok
Es ist halb 3.	It's half past two. [its 'hahf pahst tuh]
Es ist Viertel vor 3.	It's quarter to three. [its 'kwohtə tə 'θrih]
Es ist Viertel nach 3.	It's quarter past three. [its 'kwohtə pahst 'θrih]

Die Speisekarte, bitte.	May I have the menu, please. ['mäi ai häw θə 'mänjuh plihs]
Ich nehme …	I'll have … [ail häw]
Bitte ein Glas …	A glass of …, please [ə 'glahs_əw … plihs]
Besteck	cutlery ['katləri]
Messer/Gabel/Löffel	knife [naif]/fork ['fohk]/ spoon ['spuhn]
Vorspeise	hors d'œuvre [oh'döhwr]/ starter ['stahtə]
Hauptgericht	main course ['mäin 'kohs]
Nachspeise	dessert [di'söht]
Salz/Pfeffer	salt [sohlt]/pepper ['päpə]
scharf	hot [hot]
Ich bin Vegetarier/in.	I'm a vegetarian. [aim a ‚wädschi'təəriən]
Trinkgeld	tip [tip]
Die Rechnung, bitte.	May I have the bill, please? ['mäi ai häw θə 'bil plihs]

Wo finde ich …	Where can I find … ['weə 'kən_ai 'faind]
… eine Apotheke?	… a chemist? [ə 'kämist]
… ein Lebensmittelgeschäft?-	… a food store? [ə 'fuhd stoh]
Haben Sie …?	Have you got …? ['həw ju got]
Ich möchte …	I'd like … [aid 'laik]

SPRACHFÜHRER

Ein Stück hiervon, bitte.
A piece of this, please.
[ə pihs ɔw θis plihs]

Eine Einkaufstüte, bitte.
A bag, please. [ə bäg plihs]

Das gefällt mir (nicht).
I (don't) like it. [ai (dɔunt) laik_it]

Wie viel kostet es?
How much is it? ['hau 'matsch is it]

Nehmen Sie Kreditkarten?
Do you take credit cards?
[du_ju täik 'kräditkahds]

ÜBERNACHTEN

Ich habe bei Ihnen ein
Zimmer reserviert.
I've reserved a room.
[aiw ri'söhwd_ə 'ruhm]

ein Einzelzimmer
a single room [ə 'singl ruhm]

ein Doppelzimmer
a double room [ə 'dabl ruhm]

mit Dusche/Bad
with a shower/bath
[wiθ ə 'schauə/'bahθ]

Frühstück
breakfast ['bräkfəst]

Halbpension/Vollpension
half/full board ['hahf'/'ful bohd]

PRAKTISCHE INFORMATIONEN

Können Sie mir einen
Arzt empfehlen?
Can you recommend a doctor?
[kən ju ,räkə'mänd ə 'doktə]

Ich habe hier Schmerzen.
I've got pain here. [aiw got päin 'hiə]

Ich habe Durchfall.
I've got diarrhoea. [aiw got daiə'riə]

Kinderarzt
pediatrician [,pihdiə'trischn]

Zahnarzt
dentist ['däntist]

Eine Briefmarke, bitte.
One stamp, please. [wan stämp 'plihs]

Postkarte
postcard [pəuskahd]

Wo ist bitte …
Where's … , please? ['weəs … plihs]

… die nächste Bank?
… the nearest bank …
[θə 'niərist 'bänk]

… der nächste Geldautomat?
… the nearest cashpoint …
[θə 'niərist 'käschpoint]

ZAHLEN

1	one [wan]	11	eleven [i'läwn]
2	two [tuh]	12	twelve [twälw]
3	three [θrih]	20	twenty ['twänti]
4	four [foh]	50	fifty ['fifti]
5	five [faiw]	100	a (one) hundred [ə ('wan) 'handrəd]
6	six [siks]	200	two hundred ['tuh 'handrəd]
7	seven ['säwn]	500	five hundred ['faiw 'handrəd]
8	eight [äit]	1000	a (one) thousand [ə ('wan) 'θausənd]
9	nine [nain]	1/2	a half [ə 'hahf]
10	ten [tän]	1/4	a (one) quarter [ə ('wan) 'kwohtə]

> UNTERWEGS IN SINGAPUR

Die Seiteneinteilung für den Reiseatlas finden Sie auf dem
hinteren Umschlag dieses Reiseführers